大阪万博の戦後史

EXPO'70から2025年万博へ

橋爪紳也

創元社

FEDERAL REPUBLIC OF GERMANY SWITZERLAND NEW ZEALAND AUSTRALIA FRANCE BULGARIA KUWAIT UNITED KINGDOM CUBA TURKEY
PORTUGAL THAILAND PHILIPPINES ALGERIA MEXICO DENMARK FINLAND ICELAND NORWAY SWEDEN ETHIOPIA LAOS BURMA GREECE DOMINICAN REPUBLIC SAUDI ARABIA
EXPO'70 MARCH15-SEPTEMBER13 1970 OSAKA JAPAN
PROGRESS AND HARMONY FOR MANKIND
MEMORIES OF EXPO'70 OSAKA JAPAN
march15-september13
E S N W
illustrated by Tadashi Ishihara
R.C.D ↔ イランIRAN パキスタンPAKISTAN トルコTURKEY
SCANDINAVIA ↔ デンマークDENMARK フィンランドFINLAND アイスランドICELAND ノルウェーNORWAY スウェーデンSWEDEN
1 ↔ ドミニカDOMINICAN REPUBLIC モナコMONACO キプロスCYPRUS ニカラグアNICARAGUA
エクアドルECUADOR コスタリカCOSTA RICA エルサルバドルEL SALVADOR モーリシャスMAURITIUS マルタMALTA
2 ↔ ザンビアZAMBIA タンザニアTANZANIA ガーナGHANA マダガスカルMADAGASCAR ウガンダUGANDA
ガボンGABON 中央アフリカ CENTRAL AFRICAN REPUBLIC シエラレオネSIERRA LEONE

CANADA ✦ REPUBLIC OF KOREA ✦ UNITED STATES OF AMERICA ✦ REPUBLIC OF CHINA ✦ NETHERLANDS ✦ ZAMBIA ✦ UNION OF SOVIET SOCIALIST REPUBLICS
THE JAPANESE PAVILION
JAPANESE GARDEN
TEA CEREMONY HOUSE
GUEST HOUSE
VIET-NAM ✦ COLOMBIA ✦ NEPAL ✦ ECUADOR ✦ PERU ✦ ITALY ✦ CENTRAL AFRICAN REPUBLIC ✦ ARGENTINA ✦ BRAZIL ✦ NIGERIA ✦ ABU DHABI ✦ IRAN

EXPO'70 ミニ図鑑

〔図版・写真出典〕p2～3「MEMORIES OF EXPO'70 OSAKA JAPAN」（石原正氏作成、個人蔵）、p4～16『日本万国博覧会公式記録』（全3巻、1972年）、『日本万国博覧会公式記録写真集』（1971年）、大阪府提供（*印）
各パビリオンのデータについては巻末資料p216～221も参照ください。

001 日本館

002 カナダ館

003 大韓民国館

004 アメリカ館

005 中華民国館

006 オランダ館

007 ザンビア館

008 ソ連館

009 ベルギー館

010 ドイツ館

011 スイス館

012 ニュージーランド館

013 オーストラリア館

014 フランス館

015 ブルガリア館

016 クウェート館

017 英国館

018 キューバ館

019 RCD館

020 ポルトガル館

023 アルジェリア館

022 フィリピン館

021 タイ館

026 エチオピア館

025 スカンジナビア館

024 メキシコ館

029 ギリシア館

028 ビルマ館

027 ラオス館

032 チェコスロバキア館

031 サウジアラビア館

030 ドミニカ館

033 セイロン館

034 象牙海岸館

035 タンザニア館

036 インドネシア館

037 ガーナ館

038 キプロス館

039 マダガスカル館

040 ウガンダ館

041 シンガポール館

042 ガボン館

043 インド館

044 チリ館

045 キリスト教館

046 ベトナム共和国館

047 コロンビア館

048 ネパール館

049 エクアドル館

050 ペルー館

051 イタリア館

052 中央アフリカ館

053 アルゼンチン館

054 ブラジル館

055 ナイジェリア館

056 アブダビ館

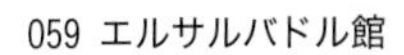
059 エルサルバドル館

058 アフガニスタン館

057 マレーシア館

062 ベネズエラ館

061 マルタ館

060 カンボジア館

065 ニカラグァ館

064 モナコ館

063 アラブ連合館

068 ウルグァイ館

067 コスタリカ館

066 パナマ館

069 モーリシャス館

070 シエラレオネ館

071 アイルランド館

072 国連館

073 OECD館

074 EC館

075 香港館

076 ケベック州館

077 ブリティッシュ・コロンビア州館

078 オンタリオ州館

079 ワシントン州館

080 ハワイ州館

083 ロスアンゼルス市館

082 サンフランシスコ市館

081 アラスカ州館

086 コダック館

085 アメリカン・パーク

084 ミュンヘン市館

089 電気通信館

088 虹の塔

087 地方自治体館

092 電力館

091 ワコール・リッカーミシン館

090 ガス・パビリオン

095 鉄鋼館

094 タカラ・ビューティリオン

093 住友童話館

098 サントリー館

097 せんい館

096 富士グループ・パビリオン

101 東芝IHI館

100 三井グループ館

099 クボタ館

104 古河パビリオン

103 日本民芸館

102 ペプシ館

105 日立グループ館

106 みどり館

107 アイ・ビー・エム館

108 三菱未来館

109 リコー館

110 自動車館

111 サンヨー館

112 フジパン・ロボット館

113 モルモン・パビリオン

114 生活産業館

115 松下館

116 化学工業館

❶ EXPO'70会場俯瞰*
❷ 会場夜景
❸ お祭り広場
❹ 会場夜景
❺ 会場夕景*
❻ 開会式*
❼ 閉会式*
❽ 会場夕景

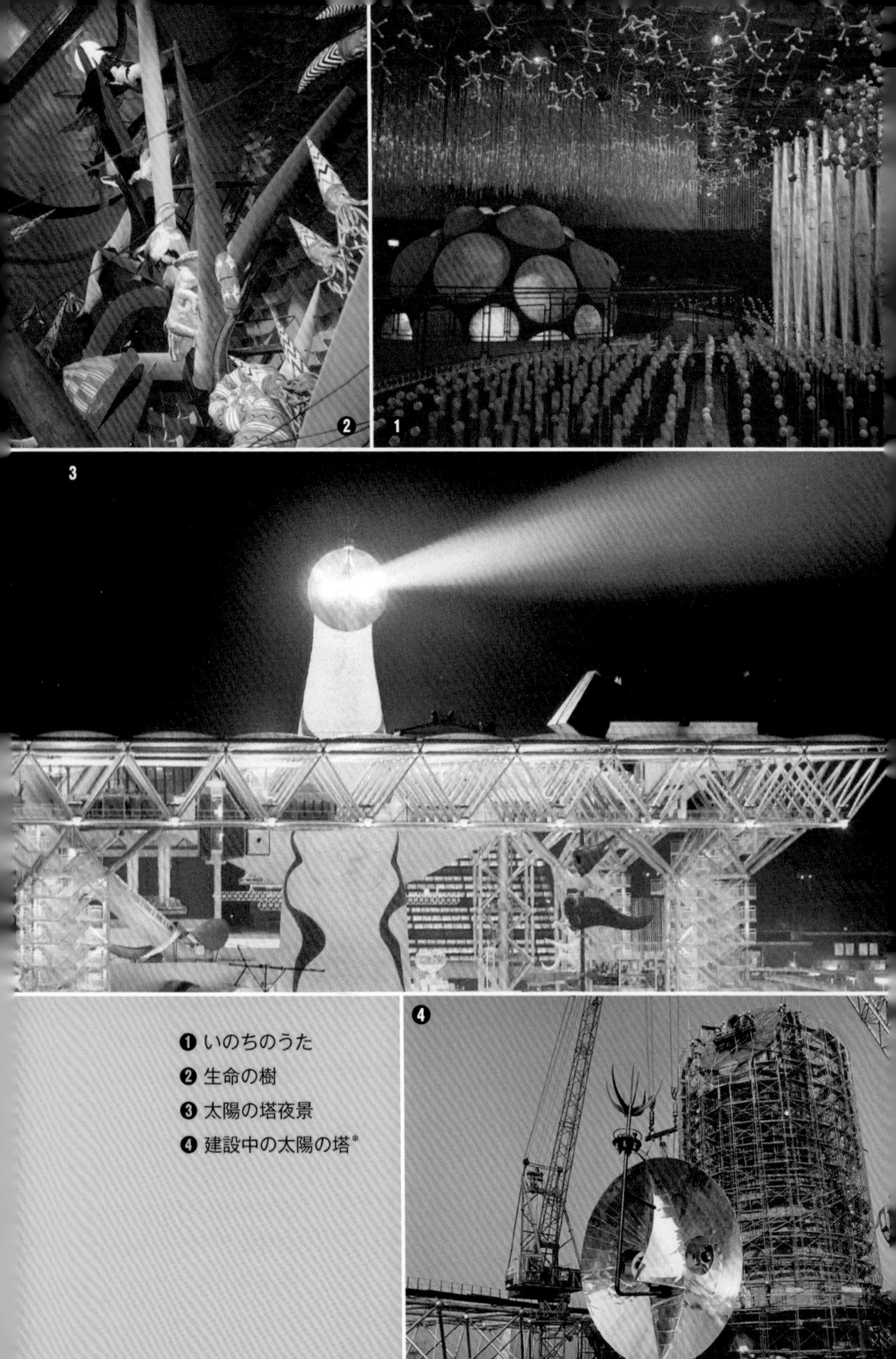

❶ いのちのうた
❷ 生命の樹
❸ 太陽の塔夜景
❹ 建設中の太陽の塔*

大阪万博の戦後史＊目次

EXPO'70ミニ図鑑　2

はじめに　戦後史としての大阪万博　22

第一章　戦災から復興への昭和二〇年代――大阪万博前史❶一九四五～一九五四年……27

一九四五年　五〇回もの空襲によって一面焼け野原になった市街地　28
一九四五年　一万人を超える進駐軍が配置、町に星条旗が翻った日　32
一九四五年　生き残るためのエネルギーが渦巻いた戦後の闇市　34
一九四五年　戦災で失われた約三二万戸を救う廃車バス住宅の建設　36
一九四五年　国よりも早く設置された大阪市復興局が描く将来像　40
一九四八年　終戦から三年、一六〇万人が熱狂した「復興大博覧会」　44
一九五〇年　復興途上の大阪を襲ったジェーン台風　46
一九五〇年　「昭和の大阪城」と呼ばれた大阪球場が最新設備で誕生　48
一九五四年　神武景気がはじまった年にＮＨＫ大阪がテレビ放送開始　52

第二章　都市改造が進む昭和三〇年代――大阪万博前史❷一九五五～一九六四年……55

一九五六年　新世界のシンボル復活へ、地元の店主による通天閣再建　56
一九五七年　日本一と呼ばれた大阪の地下街は難波からはじまった　58
一九五八年　庶民があこがれた最先端のセレブ物件・西長堀アパート　62
一九五八年　戦後の再開港から進化しつづける伊丹空港　64
一九五九年　おとな向けマンガ誕生のきっかけは大阪にあった　66
一九六二年　駅ビルの先駆けとなった天王寺駅　68
一九六二年　日本初の大規模ニュータウン計画「千里ニュータウン」　71
一九六四年　緑化一〇〇年のシンボルとなった大阪城公園　74
一九六四年　社会問題化する交通マヒの解消をめざした阪神高速道路　76
一九六四年　五年半の工期で完成した東海道新幹線の「西の拠点」新大阪　79

第三章　大阪万博とは何だったのか――一九七〇年の記録と記憶……83

万博開幕①　戦後最大のプロジェクトが実現した日本初の万国博覧会　84
万博開幕②　華々しい成果の裏に隠された米ソの宇宙開発競争　88

万博開幕③　二万羽の千羽鶴が舞った宝塚歌劇団の演出家による開会式　90
万博開幕④　六四〇〇万人が足を運んだ超巨大イベントの内情　92
万博開幕⑤　万博史の頂点に立つ、未来へつないだ大阪万博の意義　94
人物伝　丹下健三――会場全体のマスタープランを担当　96
日本館　日本と日本人のこれからをアピールする会場最大のパビリオン　98
アメリカ館　月世界の一端を見られる東京ドームの原型にもなったパビリオン　102
ソ連館　宇宙開発でアメリカと競い合う大国の実態と実力が明らかに　106
スイス館　どこから見ても入ってもいい、展示館の常識を破ったスイス館　109
人物伝　手塚治虫――フジパン・ロボット館を監修　112
富士グループ・パビリオン　ゴムと空気でつくられた画期的な建造物　114
三菱未来館　映画界の巨匠たちが五〇年後、二〇二〇年の生活を描いた　118
日立グループ館　航空機のシミュレーターで子供たちの人気は断然トップ　122
松下館　五〇〇〇年後の未来に残すタイムカプセル　125
せんい館　異彩を放つロビー人形など前衛芸術の塊だったせんい館　128
ガス・パビリオン　六四〇〇枚の陶板でつくられた巨大壁画「無垢の笑い」　130
人物伝　石坂泰三――日本万国博覧会協会会長　132

万博と芸術家①　「太陽の塔」はシンボルタワーでなくテーマ館の一部だった　134
万博と芸術家②　万博に現れた宇宙空間、イサム・ノグチが残した奇妙な噴水　138
万博と芸術家③　彫刻でありながら楽器、誰もが触れるバシェの「音響彫刻」　140
万博と建築家①　一四メートルのロボット「デメ」「デク」がいるお祭り広場　142
万博と建築家②　メタボリズム思想を体現したシンボル「エキスポタワー」　146
万博と建築家③　黒川紀章の思想が反映された、生きているようなパビリオン　150
万博と建築家④　モダニズム建築の旗手前川國男の「自動車館」と「鉄鋼館」　153
万博と建築家⑤　若い才能も登用された建築技術とデザインの実験場　156
人物伝　岡本太郎――テーマ館プロデューサー　158
万博から生まれたもの①　日本のファストフード元年となった大阪万博　160
万博から生まれたもの②　いまも発展を続ける電気自動車のさきがけ　164
万博のイベント①　タイからやってきた二〇頭のゾウたちが人気者に　168
万博のイベント②　美しさを競うミス・インターナショナル世界大会が万博で　170
万博閉幕　二二〇〇メートルの退場パレードで一八三日続いた祭りの終わり　172
第四章　継承される万博のレガシー――万博後の大阪イベント史　一九七一年～　175

一九七二年　跡地にできたエキスポランドとエキスポシティ　176
一九八三年　参列・観客とも日本最大級となった大阪城築城400年まつり　178
一九九〇年　園芸博と国際博が融合した二度目の万博「国際花と緑の博覧会」　180
二〇一八年　太陽の塔の内部一般公開がスタート　184

終章　二〇二五年日本国際博覧会へ——未来をデザインするその構想と計画……187

はじめに——二〇二五年国際博覧会の日本誘致　188
人類の健康・長寿への挑戦——二〇二五年日本万国博覧会基本構想案　191
いのち輝く未来社会のデザイン——二〇二五年国際博覧会検討会案　193
People's Living Lab——立候補申請文書とコンセプト　196
「空（くう）」——立候補申請文書と会場計画　199
二〇二五年日本国際博覧会（大阪・関西万博）の具体化に向けて　205

参考文献　209　　索引　212
〔巻末資料〕ＥＸＰＯ'70のデザイン・システムとプロセス　214
ＥＸＰＯ'70パビリオン一覧　216

はじめに　戦後史としての大阪万博

大阪万博と私

二〇二五年の日本国際博覧会、いわゆる「二〇二五年大阪・関西万博」の開催が決まり、官民挙げて準備の段階に入った。大阪には、一九七〇年の「日本万国博覧会」（一九七〇年大阪万博）、一九九〇年の「国際花と緑の博覧会」（一九九〇年花博）を契機として都市改造を果たし、国際化の進展を見たという成功体験がある。ふたたび熱気を取り戻すべく、かつての万博の再評価もはじまっている。

本書は「一九七〇年大阪万博」を中心に、戦後から高度経済成長期の大阪について、平易に紹介する読み物となることを念頭において執筆したものである。冒頭に、万博に関する個人的な思いを記しておきたい。

私は一九七〇年大阪万博の当時、小学四年生であった。会期中に一八回ほど会場に出向き、ほぼすべてのパビリオンに入館した。パンフレットやスタンプ、バッジを集め、外国人ホステス（今風にいえばアテンダント）にサインをもらうのが楽しみであった。また、『ニャロメの万博びっくり案内』（実業之日本社）が、お気に入りのガイドブックであった。

会場に出向くときは、阪急千里線の西口駅を利用するのが常であった。車窓からは、遠くガスタンクの向こうに松下館や自動車工業館、住友童話館などが見えてくる。その瞬間、どうしようもなく沸き起こった期待感は、今日にあっても心に鮮やかだ。

会場には、巨大映像やマルチ映像、電子音楽、ロボットやコンピューターなど、近未来を予感させるテクノロジーがあふれていた。ユニークなデザインのパビリオン群の造形にも驚かされた。

なかでも三菱未来館の迫力のある映像、日立グループ館のシミュレーター、自動車工業館の自動運転システム、手塚治虫がプロデュースしたフジパン・ロボット館、サンヨー館の「人間洗濯機」、虹の塔やリコー館のユニークな映像の演出などがお気に入りであった。空中ビュッフェ、ダイダラザウルスなどのアミューズメント施設も印象深い。「太陽の塔」を含むテーマ館には、三、四回ほど入った記憶がある。

また世界各国の文化に触れることで多くを学んだ。宇宙開発を競い合って展示したソ連やアメリカなど大国の展示館だけではなく、文明の進歩がもたらすプラス面とマイナス面を考えさせてくれるスカンジナビア館など、メッセージ性の強い出展も印象に残る。

私は、研究者となるべく志をもつなかで、博覧会などのイベント空間に関する研究を、人生をかける主題とした。一九七〇年万博の資料を陳列する「ＥＸＰＯ'70パビリオン」（二〇一〇年三月オープン）の展示を監修、またサラゴサ博（二〇〇八年、スペイン）やドバイ博（二〇二〇年、ＵＡＥ）の日本政府出展の構想立案に参画、上海万博（二〇一〇年、中国）では大阪館のプロデューサーをつとめさせていただいた。

一九七〇年万博のレガシーのなかで、私が強い思い入れを抱いているのが、岡本太郎の「太陽の塔」である。私は節目ごとに、「太陽の塔」を文化的に、そして歴史的に評価することの重要性を強調してきた。二〇周年となる一九九〇年には、特別な許可を得て荒れ果てた内部に入り、将来において国宝や重要文化財指定の対象となる「未来の文化財」であると論文に書いた。三〇周年となる二〇〇〇年には公式記録映像の一般公開に協力、「太陽の塔」を世界遺産にする運動を起こすべきだと主張した。

「太陽の塔」は、大阪万博を経験した世代にとってはリアルな記憶のよりどころとして、また万博以降に生まれた世代には、あの頃の活気を物語る歴史的なアイコンとして愛されてきた。二〇一八年に完了した耐震補強工事を経て、今後も大切にされることだろう。そしていよいよ五〇周年の節目が二〇二〇年に到来した。私は万博公園を重要文化的景観とし、あわせて「太陽の塔」が文化財となることを望んでいる。

大阪と博覧会

さて、一九七〇年大阪万博が、世界の博覧会史にあってメルクマールとなる画期的な成功を収めた背景には、大阪にあって、それまでにもさまざまな博覧会を成功させた実績があったことも一因であるように思う。

一九〇三年、「第五回内国勧業博覧会」が今宮村・天王寺村界隈で開催された。四三五万人ほどの入場者を集め、明治期における国内最大のイベントとなった。内国博といいながら、参考館や貿易商社の特設館に諸外国の商品が陳列された。この博覧会を契機として、万国博覧会の日本開催に向けた機運が高まったことは特筆に値する。

その後、天王寺公園では、一九〇六年に「戦捷記念博覧会」、一九一五年に「第七回日本産業博覧会」、一九一八年に「大阪化学工業博覧会」が催されている。

さらに市域拡張を実施した一九二五年には、天王寺公園と大阪城を会場に「大大阪記念博覧会」が、また一九二六年には港区八幡町と天王寺公園で「電気大博覧会」が実施されている。

戦後では、一九四八年に行われた「復興大博覧会」がユニークである。夕陽丘（ゆうひがおか）に建設されたパビリオンの一部と、出展されたモデル住宅を閉会後に売却、外囲いをはずすとそのままに復興新市街となるように計画されていた。

さらに一九五一年の「講和記念婦人とこども大博覧会」、一九七〇年万博の後にも、一九八三年の「大阪城博覧会」、一九八七年の「天王寺博覧会」と続く。さらに一九九〇年には「国際花と緑の博覧会」が鶴見緑地で開催された。

博覧会の歩みと大阪の発展は同調する。殖産興業をめざした明治時代、都市化と工業化、電化を推進した大正時代、市街地の復興と経済成長が重要であった戦後、環境問題に関心が集まった平成以降というように、時代とともに博覧会の主題や展示内容は変遷した。

本書が「一九七〇年大阪万博」が開催された時代の気分を読み取り、その価値を次世代に伝える端緒となればと思う。

第一章

戦災から復興への昭和二〇年代

大阪万博前史❶一九四五〜一九五四年

一九四五年

五〇回もの空襲によって一面焼け野原になった市街地

一九四五年三月一三日、初の大阪大空襲

一九四五年、八月一五日、正午。「只今(ただいま)より重大なる放送があります。全国聴取者の皆様御起立を願います」というアナウンサーの予告ののち、「君が代」が流れ、昭和天皇による「終戦の詔書(しょうしょ)」の朗読が、ラジオで放送された。いわゆる玉音(ぎょくおん)放送である。直立不動で聴く者、正座して頭(こうべ)を垂れる者、手を合わせて祈る者もあったという。この放送によって国民は、日本の敗戦を知ることとなる。

八月六日に広島、九日に長崎の市街地に、アメリカ軍によって原爆が投下された。その約二週間前、七月二六日には大阪市東住吉区に模擬原爆が落とされている。全国に四九発投下されたうちの一発である。

大阪への空襲は、一九四四年一二月一九日、現在の大阪府松原市や大阪市平野区への爆

焼け野原になった大阪城付近〔橋爪紳也コレクション〕

弾投下にはじまる。その後、攻撃は激しさを増し、市街地への爆撃は、八度の大空襲を含めて約五〇回を数えた。

最初の「大阪大空襲」は、終戦の年の三月一三日深夜から翌一四日未明にかけて行われた。二七四機のB29が焼夷弾一七三三トン（三二万本）をばらまき、市内中心部の約二一平方キロメートルを火の海にした。三時間半に及ぶ爆撃の後には、黒い雨が降ったという。

東洋一の規模を誇る軍事工場であった大阪陸軍造兵廠（大阪砲兵工廠）も破壊された。戦争が終わり、帰阪した兵士たちが大阪駅に降り立ったとき、かなたに難波の高島屋を見通すことができたという。

一九四四年一二月末の時点で約二四四万人だった大阪市の人口は、終戦直後には約一一一万人にまで減少した。つまり、戦争末期の八か月間で大阪市民は半分以下になったわけだ。もちろん大阪市だけではなく府下の堺市や豊中市、吹田市などの各市も空爆を受け、鉄道施設や軍需工場、民家などに被害が出ている。

二〇一五年三月、大阪市浪速区日本橋で不発弾が発見された。アメリカ製の一トン爆弾であった。戦後七〇年。戦争の爪痕などどこにもないように見える大阪だが、大阪城公園内の砲兵工廠跡碑をはじめ防空壕跡などの史跡や慰霊碑など、人々が行き交う街角に、ひっそりと戦跡が残っている。

着物を売りさばいた「タケノコ生活」

終戦後、大阪の人々の暮らしは混乱と困窮を極めた。都心は、見渡す限りの瓦礫と焼け野原と化した。市電や地下鉄などの交通網は寸断され、ポツリポツリと立つ電柱に電線がぶら下がり、破断した管からは水やガスが漏れ出しているという惨憺たるありさまだった。肉親を失い、家を失い、食べるものもない。戦争が終わり、生きる苦しみとの戦いがはじまった。

外地からの復員兵、海外からの引揚者、地方疎開からの帰阪者などで、都市部では人口が急増した。いっぽうで農作物の生産量も減退し、戦中から続いていた食料や物資の配給も停滞した。食べるものを自分の力で手に入れなければ生きていけなくなった人々は、農村へ買い出しに行く。数十キログラムのリュックサックを背負って歩き、満員電車に揺られて食料を持ち帰った。当時、近鉄南大阪線では一日に三〇〇〇人を超える人が、大阪府南部や奈良方面へ出かけたという。超満員のその列車は「殺人列車」と呼ばれた。

もっとも、食料はもちろん生活用品や衣料品なども、闇市（やみいち）では手に入った。占領軍の横流し品、旧日本軍の隠匿（いんとく）物資、農家の隠し米、盗品、密輸品なども含まれていたという。一九四七年の年間平均物価を見ると、さつまいも一キログラムの配給価格は二・五三円だったのに対して、闇市では二二・五〇円で売られていた。ざっと一〇倍の値である。人々は身に着けている着物さえ一枚、また一枚と、泣く泣く売って金に換えたという。このような暮らしぶりを、一枚一枚皮をはぐような「タケノコ生活」と呼んだ。当時の新聞は、タケノコ生活者の数は大阪が全国一だと報じた。

一九四五年

一万人を超える進駐軍が配置、町に星条旗が翻った日

一九四五年八月三〇日。黒いサングラスをかけ、愛用のコーンパイプをくわえて、連合国軍最高司令官ダグラス・マッカーサー元帥が神奈川県の厚木飛行場に降り立った。敗戦後、日本各地に進駐軍の拠点が置かれることとなった。

大阪の人々も、不安と恐怖のなかで進駐軍を迎える。「米兵に対する女性の心得」という記事が新聞に掲載された。九月二七日、アメリカ第六軍第一軍団が大阪市東区（現・中央区）の住友ビルに乗り込み、司令部を設置した。ビルの前には星条旗が翻った。

第一軍団九八師団の主力約一万人も大阪入りし、市内は騒然となった。以降、焼け残ったおもな建物はことごとく接収され、政治・経済・教育・文化なども間接的に統治される時代が七年近く続くことになる。御堂筋はライトニング・ブールバード（いなずま通り）と呼ばれ、北区の北野劇場は米軍専用映画館に、心斎橋の十合（そごう）百貨店はＰＸ（米軍の売店）に、

往時の住友ビル。進駐当時、第6軍第1軍団の司令部が置かれていたが、外観は今も当時とほとんど変わっていない〔橋爪紳也コレクション〕

住吉区の大阪市立大学は米軍病院になった。一九四六年四月の時点で、大阪府下に配置された進駐軍の数は約一万四〇〇〇人にのぼったという。

進駐軍が往来した御堂筋にも、戦争の痕跡が残されていた。都心は米軍の空襲によって焦土と化したが、御堂筋に植えられていた銀杏はかろうじて類焼をまぬがれた。ただなかには火炎や輻射熱の影響で、ひどく傷ついたものもあった。今日でも往時の傷跡を残しつつも、治療されて、大きく育った木々を散見することができる。御堂筋の銀杏並木は、「大大阪」と呼ばれた戦前の美観とともに、戦災からたくましく復興した戦後を象徴する存在として、今も大阪市民にとっての誇りになっている。

一九四五年

生き残るためのエネルギーが渦巻いた戦後の闇市

大阪の闇市は、終戦直後の一九四五年九月頃、いもやパンを売る人の群れからはじまったといわれる。握り飯、まんじゅう、うどん、酒、焼酎、たばこ、鍋、釜、茶碗、靴、古着――何でもそろっていた。

大阪駅前、鶴橋、天六（てんろく）、天王寺、難波など、駅周辺の焼け跡や空き地に青空市場があった。地べたに品物を並べる者、ゴザをひろげる者、廃材で小屋を建てる者もいた。不法占拠がまかり通っていた。

一九四五年一〇月二五日、当局による闇市の取り締まりが行われる。しかし一週間もたたない間に、闇市は再開されたようだ。ただし露友組合の類を結成する地域もあり、さらに一九四六年には「大阪府自由市場連合会」が設立される。関係者みずからの手で販売価格の適正化、および自由市場の健全化をはかろうとしたものだ。しかし、大阪府警察部は

大阪駅前の闇市

取り締まりを強化し、八月一日になって、府下全九二か所にあった闇市の閉鎖が断行された。

　現在、闇市があった頃の雰囲気を感じることができるのが、鶴橋駅の周辺だろうか。往時のままの街区や路地が残り、多くの店が集積している。「鶴橋商店街」は、約三〇〇〇人の露天商が集まり自然発生した闇市を起源とする。一九四七年に「鶴橋国際商店連盟」として組織化。今日にあってもその名前のとおり、国際色豊かな商店街としてにぎわっている。

一九四五年

戦災で失われた約三三万戸を救う廃車バス住宅の建設

約二万六〇〇〇人の壕舎生活者

戦前に約六一万戸あった大阪市の住宅数は、戦後、半分以下の約二九万戸にまで減少した。東京・広島・長崎と並んで、いかに大阪市が空爆にさらされたかを物語る数字である。人々は、かろうじて焼け残った建物や学校、駅構内、橋の下、防空壕などに潜り込んで雨露をしのぎ、たまり水をすするというような生活を強いられた。

焼け跡や地下、バラックなどで暮らす「壕舎（ごうしゃ）（避難用の穴ぐら）生活者」は、大阪市の調査によると、終戦直後の一九四五年一〇月の時点で市内に約七八〇〇世帯、約二万六〇〇〇人にのぼった。そのうち、畳や電灯のない世帯が約七割、冬を控えて布団もない世帯が一三〇〇世帯以上もあった。また水道が破壊されたため、東区では約六割、南区では約五割が井戸水を頼りに暮らしていた。海外から引き揚げてきた人々も、大半は親類縁者を頼って同居や間借りをしている状態だった。町には、壕舎にさえ住むことのできない浮浪者や浮浪児があふれた。

たき火にあたりにくる者から料金を取る「ぬくもり屋」、食券や切符を買う行列に代行で並ぶ「並び屋」、夜に闇市の店の留守番をする「泊まり屋」なる商売をはじめて、一日一日を生き延びた者もあった。大阪駅前には、客を待つ靴磨きの少年少女たちが並んだ。

廃車の木炭バスを転用した市営住宅

迫り来る冬を前に、大阪市は緊急措置として仮設住宅を建設する。その多くは一棟四戸建ての共同住宅で、一戸あたりの面積は約七坪、床は板張り、水道は共同で一棟に一栓というつくりであった。どうにか冬を越せる程度ということから、人々は「越冬住宅」と呼んだ。旧兵舎や寮、学校なども住宅に転用された。

廃車になった木炭バスにも人が住んだ。戦時中はガソリンが不足したため、木炭を燃やして走る自動車が製造された。それを仮設住宅に転用したわけだ。よく知られているのは、大阪市旭区の「城北（しろきた）バス住宅」、都島区の「毛馬（けま）バス住宅」などの市営住宅である。

城北バス住宅は、約三〇〇坪の荒れた土地に、計一二六台の廃車バスがメガネのように二

城北バス住宅

つの円を描いて配置され、それぞれの円の中央には炊事場や洗濯場、便所などの共同施設が設けられていた。下水は地面に流すため、いつも湿っていたという。バスのなかの居住面積は約二・五坪。およそ五畳分ほどしかない。ほとんどが板張りの床に上敷きを置いて、暮らしていた。窓のガラスもなく板で覆ってあり、閉めれば昼でも暗い。夏は蒸し暑く、冬は凍てつくような寒さである。

それでも、居住者たちの不満が爆発するようなことはなかったらしい。激しい住宅不足とインフレの時代にあって、入居当初から家賃は五五円に据え置かれていた。

ある居住者の記録を見ると、夫婦と子供二人、母一人の五人家族で、家財道具らしきものは炊事道具のほか、ラジオ、ミシン、七輪、たらいといった程度であった。各居住者は自由に建て増しを行い、空いている土地にささやかな畑をこしらえた。城北バス住宅は一九五一年まで、毛馬バス住宅は一九五五年まで存続した。

現在、天神橋筋六丁目駅前には「大阪くらしの今昔館（大阪市立住まいのミュージアム）」があり、城北バス住宅の精巧なジオラマが展示されている。

一九四五年

国よりも早く設置された大阪市復興局が描く将来像

幻の「新大阪市」構想

戦後に作成された米国戦略爆撃調査団の報告書には、「戦前の大阪は日本の大都市のなかで最も人口稠密（ちゅうみつ）で、同時に最も燃えやすい都市であった」と記されていた。実際に焼失した市街地は約五〇平方キロメートル、失われた戸数は約三二万戸だという。燃えにくい都市をつくることは、大阪の、そして戦後日本の大命題となった。

一九四五年一一月、政府は「戦災復興院」を設けた。初代総裁には、阪急東宝グループの創業者である小林一三（いちぞう）が就任した。戦災復興院は全国一二〇に及ぶ都市を罹災（りさい）都市に指定し、「戦災地復興計画基本方針」を制定。全国約一億六〇〇〇万坪の焼失地域について、土地区画整理を主体とした事業によって復興をめざす方針が決定された。もっとも、公職から追放されたことにより、小林はわずかな期間で総裁の職を解かれる。ただそれまでに、小林は独自の大阪復興私案「縮小『新大阪市』設計要項」を発表していた。

実現しなかった構想だが、注目される点は、大阪市域を三分の一ほどに狭めようという提案である。彼が想定した新しい大阪市は、北は新淀川（現在の淀川）、東は城東線（現在の大阪環状線）、西は木津川を境界とする。新たな市域の面積は二一二五万坪ほど。現行の市域でいえば、北区・中央区・西区などの都心部と、福島区・此花区・港区・大正区のベイエリアを加えた地域になるだろうか。

それ以外の市域は、「淀川市」「住吉市」などの基礎自治体として分離、自立させればよいと小林は考えた。要するに戦前に編入された東成郡・西成郡などの町村を、再度、分離しようというわけだ。市域を縮小して基礎自治体を再編しつつ、都心の再生を優先することで、復興を急がせたいという思いがあったと思われる。

小林は、大阪城の南側に飛行機の発着場を新設し、大阪駅前や上町台地、堀江あたりに広大な緑地を設けること、郊外電車の都心への乗り入れなど、都市機能の充足に関する提案もしている。また新しい大阪駅も構想した。「大阪駅は弾丸列車完成の時は新淀川北方に後退し、現在の大阪駅は近畿都市連絡の中心地として計画す」と書いている。のちに新幹線開通時に開業した「新大阪駅」の立地を予見する提案である。

大阪市の復興都市計画

戦災復興院の設置からさかのぼること約二か月、一九四五年九月に大阪市は防衛局を改変して「復興局」を新設し、専門委員会を立ち上げている。そこでは、商工業を中心に発展してきた大阪を引き続き工業で発展させることを基本に、都市の将来像が議論された。

戦前の最大人口三二五万人に対して計画人口を二五〇万人に設定。幅員八〇メートルの築港深江線（ちっこうふかえせん）を含む六四路線の街路計画、延長三六七キロの幹線道路の整備、対象面積六一〇七ヘクタールの土地区画整理事業、大阪城公園など合計一〇八か所八二三ヘクタールの公園計画などが盛り込まれた。さらに都心部から地下鉄網の拡充、これに連絡する国鉄環状線計画を含む交通計画、安治川（あじがわ）・尻無川（しりなしがわ）の拡幅による内港化などもうたわれた。戦後大阪が独自に制定したこのマスタープランが、今日の大阪の基盤となる。

不法占拠の建物で混乱を極めた大阪駅前も整備が進められていく。その象徴の一つが、一九五三年に完成した第一生命ビルディングである。当時の新聞広告に「日本で最初の一二階ビル！」とある。四一メートルの高さと、防火設備、避難設備、地下駐車場などを備えた近代的かつ画期的な建物の誕生が、大阪駅前における高層化の幕開けを告げた。

戦災復興にあって難航した事業の一つが、一九六二年から一九七〇年にかけて拡幅され

大阪駅前と第一生命ビル（右中央の建物）。12階建て41メートル
〔橋爪紳也コレクション〕

た大阪市道築港深江線で、市の東西を貫く「中央大通（おおどおり）」である。総延長は一二キロメートル、幅員は最大八〇メートル、車線数は合計で一四を数える。特筆すべきはその構造だろう。都心部の船場地区では、約一キロメートルにわたって、道路の中央に四階建てのビル「船場センタービル」を建設。この地の特色である繊維の卸商社を中心に、約八〇〇店が入居した。建物の上部には高架道路、および阪神高速道路を建設。同時に地下鉄中央線も開通した。

一九四八年

終戦から三年、一六〇万人が熱狂した「復興大博覧会」

戦災からの復興をテーマとする博覧会が各地で催された。なかでもユニークなのが、大阪の「復興大博覧会」である。一九四八年九月一八日から一一月一七日の六一日間、大阪市天王寺区の夕陽丘(ゆうひがおか)を会場に、毎日新聞社の主催で大阪府・市ほか各種団体が協力して行われ、一六〇万人が来場する一大イベントとなった。一日平均約二万六〇〇〇人を集めた計算になる。

前売券七〇円、当日券八〇円、小人三〇円。八〇円は現在の三六〇〇円に相当する。前売券には福引きが付いていた。景品は、会場内に建てられた一戸建て住宅や嫁入り道具一式という豪華さで、抽選にも多くの人々が押しかけたという。

集客の目玉の一つがテレビジョンであった。東芝の白黒テレビが会場にお目見えし、公開実演が行われて大人気となる。また、戦後の衛生状態などに注意を促す未成年入場不可の衛生館、子供遊園地、農業機械館、外国館、自転車館、電気館、繊維館などなど、多彩なパビリオンが建ち並んだ。

「復興大博覧会」は、単なるイベントではなかった。終了後に仮囲いを撤去し、主要な建物を売却のうえ再利用することで、復興のモデルとなる市街地を整備することが事前に想定され、「焼跡に生まれた『復興街』、夕陽ケ丘に輝くモデル・シティ」と開幕翌日の新聞は報じた。

博覧会終了後に、科学館、京都館、印刷文化館、貿易館、農業・水産・日立館を大阪府が買収し、「夕陽丘母子の街」を建設して、戦争による母子家庭の支援施設とした。また観光館は大阪市が購入し、市立文化会館とした。復興館は郵便局に、第二衛生館は白百合文化学院として再利用される。八六戸の店舗付住宅も、そのまま活用された。この博覧会によって、夕陽丘一帯は焼け跡から一転、大阪を代表する文教地区に転じた。

復興大博覧会のチラシ
〔橋爪紳也コレクション〕

一九五〇年

復興途上の大阪を襲ったジェーン台風

家屋全壊・半壊七万一三三三戸、床上・床下浸水九万四一六四戸、死者二四〇人、行方不明者一六人、負傷者二万一二一五人。ジェーン台風がもたらした被害である。

一九五〇年九月三日、午前九時頃、高知県室戸岬の東方を通過した台風は、同一〇時頃、徳島県に上陸した。淡路島から大阪湾を経て、一二時過ぎに神戸市に再上陸を果たす。兵庫県東部から若狭湾を抜けて、四日朝には北海道に達した。

大阪上陸時の最低気圧は九七〇・三ヘクトパスカル、瞬間最大風速四四・七メートル、大阪湾で潮位三・八五メートルに達した。

当時の大阪は戦後の復興途上にあり、加えて工場が地下水を大量にくみ上げたため地盤沈下が進行しており、これらが要因となって被害が拡大した。西大阪を中心に市域の約三〇パーセントが浸水し、最大水深が二・五メートルにもなる深刻な高潮被害を引き起こし

大阪市大正区の浸水状況〔大阪市立中央図書館蔵〕

た。

西淀川区では区域の大部分が水に漬かり、電柱や煙突だけが水中から突き出ているという光景が出現した。二メートルの水が一か月も引かなかった中島地区では、外出に小舟などを用いたという。以降、大阪は、西大阪一帯の盛土工事や大阪港および河川の防潮堤延長工事に注力することとなる。

また、大阪市は工業用水としての地下水くみ上げを規制するようになり、地盤沈下がなくなるのは一九七〇年代以降のことである。

一九五〇年

「昭和の大阪城」と呼ばれた大阪球場が最新設備で誕生

ホークスの前身、近畿グレートリングの優勝

占領下にあって、プロ野球は驚くほど早く再開される。終戦の年の一一月には戦後初となる試合として、東西対抗戦が明治神宮球場で行われた。続いて桐生新川球場、阪急西宮球場でも開催された。

翌年春にはペナントレースが開幕。巨人、大阪、阪急、近畿グレートリング、中部日本、パシフィック、セネタース、ゴールドスターの八球団で争われ、近畿グレートリングが初優勝を飾った。

近畿グレートリングは、南海ホークスの前身となる球団である。一九三八年、南海鉄道（現・南海電気鉄道）を母体として大阪で設立された「南海軍」にはじまり、一九四四年「近畿日本」、一九四六年「近畿グレートリング」、一九四七年「南海ホークス」となった。

絶好の立地で大阪人に愛される

プロ野球は再開したが、南海ホークスには本拠地となるスタジアムがなかった。堺市に中モズ球場を所有していたが、甲子園球場や西宮球場を借りて試合を行っていた。

一九四八年、ホークスが二度目の優勝を果たしたこともあって、親会社である電鉄本社はホームグラウンド新設を熱望した。とはいっても鉄鋼やコンクリートなどの建設資材は窮乏しており、すべてが配給制であった時代である。南海はGHQ経済局に嘆願、スポーツと文化を復興するという事業の公共性を訴えることで、特別の配慮を得ることができた。さらには建設用地として大蔵省煙草専売局跡地三万六〇〇〇平方メートルの払い下げを受け、大阪府からは当面の運営資金の助成を得ている。

このような経緯があったからこそ、完成したスタジアムは、市民の共有財産という意味を込めて「大阪球場」（正式名は大阪スタヂアム）と名づけられた。

平面計画は南海本社が担当し、実施設計には竹中工務店の岩本博之らが加わった。岩本は、限られた敷地内に最大の観客を収容しつつ、どの席からもグラウンドを近くに見る観客席のありようを摸索した結果、急勾配の内野スタンドを計画した。いっぽうプレキャスト・コンクリートによる格子模様が印象的な外観は、坂倉準三事務所の仕事である。

竣工直後の大阪球場〔橋爪紳也コレクション〕

大阪球場は、スタンド下のデッドスペースを多目的に利用する工夫において斬新であった。「国際建築」一九五〇年八月号には、坂倉事務所の手になる三種類の立面計画が掲載されている。第一案はスタンド下の空間をエントランスだけに利用するもの、第二案は一階のみを貸店舗とする構想である。実施案となった第三案は、スタンド下部を五階建てのテナントビルとし、三階までを事務所や教室として貸し出すものである。

結局、最も高度利用が望める構想が採用された。一年ほどの工期を経て、大阪球場は一九五〇年九月一二日に開場している。新聞は最新設備を誇る新球場を「ガラスの殿堂シックを誇るスタヂアム」「一九五〇年型の粋を尽した都心球場」などと誉めたたえている。また「昭和の大阪城」の異名をもって呼ばれることもあった。

一九八〇年代の利用状況を見ると、内野スタンドの下部は「文化会館」と称し多数の専門学校が、また一階には卓球場や古書店などが入居していた。さらにライトスタンドに接して場外馬券売り場、レフト側には別棟のスケート場があった。

大阪球場は、コンサートや各種のイベント会場などにも利用された。焦土からの再建のただなかに建造された「スポーツと文化の殿堂」は、商都復興のシンボルとなった。

しかし一九八八年、球団はダイエーに買収され、福岡に本拠地を移す。対して球場は、スタンド下を賃貸ビルとしていたため、一〇年ほどは維持された。フィールドが住宅展示場や劇団四季のシアターに転用された時期もあった。

一九九八年、大阪球場は取り壊され、跡地には「なんばパークス」という複合商業施設が誕生した。その二階の床面に、ピッチャーズプレートとホームベースをかたどった銘板が埋め込まれているが、これはかつての大阪球場のものと同じ位置にある。

一九五四年

神武景気がはじまった年にNHK大阪がテレビ放送開始

終戦から八年がたった一九五三年二月一日、NHK東京放送局がテレビの本放送を開始した。その約一か月前に発売されたテレビ受像機はシャープ製の一四型で、価格は一七万五〇〇〇円であった。高校卒の公務員の初任給が五四〇〇円だったというから、給料二年九か月分にあたる。同年八月には民間の放送局も開局したが、一般庶民には手が届かない高級品だった。そこで日本テレビ放送網の正力松太郎社長は、街角にテレビを置いて、多くの人が視聴できるように工夫した。いわゆる「街頭テレビ」である。人々は、力道山が空手チョップで外国人レスラーをなぎ倒すプロレス中継に熱狂した。

大阪でテレビ放送が開始されたのは、一九五四年三月一日。NHK大阪放送局が本放送を開始した。スポーツの実況中継、スタジオからの生放送、テレビドラマのほか、大阪らしく寄席や演芸番組も放送された。その二年後には、西日本初の民間放送である大阪テレ

旧大阪放送会館本館。大阪市東区馬場町で1936年の落成から2001年まで使用された

ビ放送（のちに朝日放送に吸収合併）が北区堂島に開局。翌年、当代きっての人気漫才師、中田ダイマル・ラケットを起用した時代劇コメディー「びっくり捕物帳」が人気を博す。これには新人の森光子、二枚目役で藤田まことも出演していた。

この頃になると世は神武景気と呼ばれる好景気を迎えていた。テレビも低価格化が進み、電気洗濯機、電気冷蔵庫と並んで「三種の神器」といわれ、普及していく。一九六〇年にはカラー放送がはじまる。

現在、中央区大手前にあるＮＨＫ大阪放送局は、ホールや大阪歴史博物館を併設した複合施設であり、スタジオ見学などもできる観光スポットとなっている。

第二章

都市改造が進む昭和三〇年代

大阪万博前史❷ 一九五五～一九六四年

一九五六年

新世界のシンボル復活へ、地元の店主による通天閣再建

一九一二年に建てられた初代通天閣は、一九四三年一月に起きた映画館からの火事で延焼、崩壊した。解体されたのち、翌年、熱で曲がった鋼材は献納されることになる。街のシンボルを失った新世界の人々は、大きく落胆した。

それから約一〇年、空襲で焼け野原になった地に映画館などが再建されると、娯楽を求めて多くの人が訪れ、界隈にはかつてのにぎわいが戻りつつあった。そこで「新世界にはやっぱり通天閣がないとあかん」と立ち上がったのが、地元の商店主たちだ。一九五三年頃、雑貨店、鰻(うなぎ)店、氷店、写真店、質店、時計店、麻雀店の店主ら七名が再建に向けて動きだす。

東京タワーも手がけた〝塔博士〟こと建築家の内藤多仲(たちゅう)に設計を依頼することに成功するが、出資金は十分には集まらない。スポンサー探しは完成後も続くことになった。幾多

の困難を乗り越え、二代目通天閣は、一九五六年一〇月二八日に開業する。

式典には五〇〇名超の来賓者が集い、吹奏楽の演奏が鳴り響いた。初日の入場者は一万四九六名を数え、長蛇の列ができた。なかにはエレベーターを待ちきれず階段をのぼりだす人もいたという。翌年までに一五〇万人以上が訪れることになる。

初代からの名物であるネオン灯は、スポンサーが見つからず付設が遅れた。ライオン、三洋電機、松下電器、グリコなどに断られたという。ようやく関西での認知度の向上をはかろうという判断のもと、日立製作所が引き受けた。一〇年契約の先払いという破格の契約であった。こうして一九五七年七月、一四年ぶりに〝ネオンの灯り〟が街に戻ることになる。

再建された当時の通天閣〔橋爪紳也コレクション〕

一九五七年

日本一と呼ばれた大阪の地下街は難波からはじまった

大阪初の地下街、ナンバ地下センター開業

一九三二年、堺筋に面して建つ「三越百貨店」前に大阪初の地下道が誕生した。歩行者安全を確保するために整備されたものだ。その後、御堂筋の建設に応じて、順慶町（現在の大阪市中央区南船場）、八幡筋（御津）、難波新地の三か所に、通学のために横断する学童の安全を確保するべく、地下通路が設けられた。

一九五〇年、難波の駅前において地下商店街の建設計画が立ち上がる。計画では、高島屋と南街会館（現・なんばマルイ）の地下階と、地下鉄・難波駅コンコースに連絡する地下一階に五二店舗と映画館を配置するという構想であった。

着工から一年三か月の突貫工事を経て、一九五七年一二月一八日に「ナンバ地下センター」が開業する。関西初の地下街を見ようとする見学客と歳末の買い物客で大混雑した。

ナンバ地下センター

百貨店の来店者が一日に一五万人ほどであった当時、二〇万人以上が訪れたという。その後、一九七四年の改装を契機に「なんなんタウン」となり、さらに二〇〇六年のリニューアルによって「NAMBAなんなん」に改称された。

ナンバ地下センターの成功によって、その後、大阪では地下街の建設が続く。現在、なんばウォークとNAMBAなんなん（難波）、ホワイティうめだとディアモール大阪（梅田）、ドーチカ（西梅田）、中之島地下街（肥後橋）、クリスタ長堀（長堀〜心斎橋）、コムズガーデン（京橋）、あべちか（天王寺）がある。

ウメダ地下センターにあった泉の広場

"世界初" 川が流れる阪急三番街

大阪の地下街、とりわけ梅田エリアの地下空間では、複数の地下街と公共の地下通路が連絡している。あわせて阪急三番街や大阪駅前ビルをはじめとする各ビルの地下階、百貨店の地下食料品売り場が、地下街と直結していることで、全体像の把握が困難になるほどに複雑になった。「迷宮」にたとえられることも多い。

そこで、地下であることを感じさせないようなユニークな工夫も試みられた。一例が、昭和四〇年代に実施された阪急梅田駅の高架化、および移転工事を契機として建設された阪急三番街である。地下に設けられた商業施設は、わざわざ水の流れを設けて、「川のある街」をアピールした。開業のセレモニーでは、一〇〇名の子供たちが竹筒から水を注ぎ、宝塚歌劇団によるコーラスが華を添えたという。「トレビの広場」と命名された水面には、イタリアの本家をまねてコインが投入されるようになる。投げこまれた硬貨の総額が、四年後に一〇〇〇万円を突破したこともニュースとなった。

一九五八年

庶民があこがれた最先端のセレブ物件・西長堀アパート

一九五五年頃、不足していた住宅は四二〇万戸、住宅難民は一二〇〇万人といわれていた。鳩山内閣は「住宅四二万戸建設構想」を表明し、日本住宅公団（のちの住宅・都市整備公団、現都市再生機構＝UR都市機構）を設立した。

翌年三月には、第一号の公団団地「金岡（かなおか）団地」（大阪府堺市）が完成する。当時は珍しかったダイニングキッチン・水洗トイレ・風呂付きの二DKに応募が殺到、倍率は一〇〇倍ともいわれた。団地は若い世代のあこがれとなり、〝団地族〟という言葉が生まれた。「金岡団地」は、老朽化によって建て替えられ、現在は「サンヴァリエ金岡」と改称している。あわせて当時の間取りを再現した「スターハウスメモリアル広場」と称するモニュメントが設けられ、「団地マニア」の聖地になっている。

公団は、郊外だけではなく、都市型の集合住宅も供給した。低層を商業施設やオフィス

完成当時の西長堀アパート〔橋爪紳也コレクション〕

として使用し、上層部を賃貸住宅とする、いわゆる「下駄ばき」の複合的な住棟も建設した。

一例が、一九五八年に完成した「西長堀アパート」である。地下一階・地上一一階建ては、当時の公団住宅としては日本一の高層の住宅建築であり、〝マンモスアパート〟の異名をとった。家賃はサラリーマンの平均月収の二倍弱。心斎橋や難波など繁華街に近く、利便性の高い立地であることから著名人も多く入居し、南海ホークスの看板選手であった野村克也、女優の森光子、作家の司馬遼太郎らが住まいとしていた。

その後、耐震化工事も行われ、六〇年以上たった現在も当時の姿を残している。

一九五八年

戦後の再開港から進化しつづける伊丹空港

大阪国際空港（伊丹空港）は、大阪第二飛行場として一九三九年に開港した。当初の滑走路は、現在の三分の一以下の長さであり、また敷地も五三ヘクタール（現在は三一七ヘクタール）しかなく、延長・拡張されることになる。

第二次世界大戦中は、陸軍が「伊丹空港（通称：摂津飛行場）」として使用した。終戦後は「伊丹エアベース」の名で接収され、一九五〇年の朝鮮戦争でも運用された。

一九五一年一一月には、戦後における民間航空の第一便となった日本航空の「もく星号」が飛び立つ。接収解除ののち、一九五八年三月に「大阪空港」として再開港。翌年、国際路線の開設を前提として、「大阪国際空港」に改めている。

内外の航空会社があいついで就航し、離発着回数が急増すると同時に、航空機のジェット化や大型化が進む。大阪万博に間に合わせるべく、一九六九年に旅客ターミナルビル、一九七〇年二月には三〇〇〇メートルのB滑走路が供用される。年間利用者数は一〇〇〇万人の大台を超え、一九七一年には年間の発着回数は一五万七〇〇〇回に達した。

なお、滑走路の南側に接する千里川（せんりがわ）の土手では、着陸する航空機の姿を間近に見ることができる。頭上二〇メートルほどの高さを旅客機が高速で通過する様子は迫力があるため、夜景を楽しむデートスポットとなった。

旅客ターミナルビルが完成した直後の大阪国際空港（伊丹空港）のパンフ〔橋爪紳也コレクション〕

一九五九年

おとな向けマンガ誕生のきっかけは大阪にあった

手塚治虫（てづかおさむ）は一九四六年、子供向けの「少国民新聞」（現在の「毎日小学生新聞」）の大阪版に四コマ漫画「マアチャンの日記帳」の連載をはじめた。これが漫画家としてのデビュー作である。

翌年、映画的な表現と物語の展開をもつ二〇〇ページの描き下ろし長編『新寶島（しんたからじま）』を発表する。戦後のストーリー漫画の出発点とされるこの作品がベストセラーとなったことから、少年向けの赤本漫画ブームが到来した。

赤本は、書店ではなく駄菓子屋や露店で販売された少年向きの講談本・落語本の総称である。表紙に赤系統の色が使われたことが、名前の由来であるとされている。大阪では松屋町界隈に版元と卸問屋を兼ねた業者が集積していた。

一九五〇年代になると赤本漫画の流行は終わり、代わりに貸本劇画が登場する。「それ以前は貸本屋ではおもに通俗小説や娯楽雑誌を扱っていたが、大阪や東京、名古屋などの出版社が漫画雑誌を貸本屋向けに発行し、ひろく読まれることになる。

なかでも人気を集めた「日の丸まんが文庫」の版元として知られるのが、大阪の八興出版である。一九五一年に山田秀三と喜一の兄弟が創業した出版社だが、久呂田まさみを顧問に迎え、青年向けの漫画を収載した短編集『影』シリーズをヒットさせた。

同社の作品にあって中心となっていたのが、辰巳ヨシヒロ、桜井昌一、佐藤まさあき、さいとう・たかを、石川フミヤスなどである。彼らは漫画制作集団「関西漫画家同人」を、さらに一九五九年に「劇画工房」を結成する。従来の漫画が児童を対象としていたのに対して、青年のためのストーリーマンガである「劇画」を提案した。

東京の大手出版社が週刊のコミック雑誌を発行する以前に、大阪から新たな表現活動が生まれていたことは注目に値する。

漫画短編集『探偵ブック　影』

一九六二年

駅ビルの先駆けとなった天王寺駅

空襲によって各地の駅舎が焼失し、仮駅舎での営業を余儀なくされたため、日本国有鉄道（国鉄）では、駅の復興を地元と共同で進めるべく、商業機能を有する駅ビルの建設を企図する。駅舎の再建費用の一部を民間から募る代わりに、出資者がテナントとして入居するという方式である。

一九五〇年四月に開業した愛知県の豊橋駅を最初の事例として、一九六〇年代にかけ全国各地に同様の駅ビルが誕生する。地域の復興に寄与した官民共同によるこの種の駅舎は、「民衆駅」の名で制度化される。

もっとも、商業施設がいかに集客をしても、国鉄には地代しか収入が入らない。そこで一九七一年に国鉄法が改正され、国鉄が直接投資することが可能となる。以後、「駅ビル」という言葉が用いられるようになった。

天王寺駅ビル

大阪にあっては、天王寺駅が全国で三〇番目の「民衆駅」として計画された。近鉄、南海、都ホテルなどが出資し、一九六〇年に「天王寺ステーションビル株式会社」が設立され、二年後の九月に「天王寺駅ビル（天王寺民衆駅）」が完成した。

線路をまたぐ「橋上駅」をビルディング化する試みはユニークであった。地上八階建ての建物には「天王寺ステーションデパート」や各種テナントが入居し、地下街とも連絡した。六階以上は「大阪都ホテル（のちに天王寺都ホテルと改称、現名称は都シティ大阪天王寺）」が営業を行い、また地下には「天王寺ステーションシネマ」があった。

一九九三年、南海天王寺支線の廃止に伴って、その跡地に新たな商業施設の建設が具体化する。当初は南海グループの主導のもと、「てんのうじＣＩＴＹ」の仮称で事業化が検討されたが、のちにＪＲ西日本グループが中心となり、一九九五年に「天王寺ミオ」として開業している。

天王寺駅周辺の戦後の発展にあって、にぎわいの象徴であった「天王寺ステーションデパート」は、二〇〇二年に「ステーションプラザてんのうじ」と名称を変更、耐震補強と改装を経て、「天王寺ミオプラザ館」となっている。

一九六二年

日本初の大規模ニュータウン計画「千里ニュータウン」

豊中市と吹田市にまたがる千里ニュータウンは、大阪企業局が主体となって開発した大規模ニュータウンである。

一九五五年頃に端緒をみた高度経済成長の過程で、職を求める人が集中し、大阪圏の人口が急増する。大阪府は、良好な居住環境を整備したうえで、一〇〇万戸を超える良質の宅地と低廉な住宅を供給する方針を決定する。具体策として、まず千里丘陵を切り開き、日本初のニュータウンを建設することとした。当初のマスタープランでは二五〇〇ヘクタールの面積が想定されたが、最終案では一一六〇ヘクタール、住戸は三万七三三〇戸、計画人口は一五万人と想定された。

一九六一年に着工、翌年九月に佐竹台に最初の住民が入居、一一月に「まちびらき式」が開催された。ニュータウン開発を促進するべく、一九六三年に制定された「新住宅市街

千里ニュータウン〔橋爪紳也コレクション〕

地開発法」がはじめて適用された事案でもある。

千里ニュータウンは欧米の先進事例を参照し、「近隣住区理論」にもとづいて、地区センター（千里中央・北千里・南千里）を中心に南・北・中央の三地区に分けられた。なかでも千里中央地区には、百貨店、ショッピングセンター、レジャーセンター、地域ガス供給施設、電算センターなどが集積した。さらに近隣センターを核に、おおよそ六〇～一〇〇ヘクタールを単位とする一二の「住区（小学校区）」に分け、道路・鉄道・公園・学校・商店などを計画的に配置した。

多様な人がコミュニティをかたちづくるよう、公営、公社、公団、社宅など、あらゆる住居の種類が混在された。景観への配慮から住区の中心に集合住宅を、周辺に戸建住宅を配置した。歩行者と自動車用の動線も区分し、住宅地に流入する自動車を排除するべく、クルドサック（袋路）を設ける「ラドバーンシステム」も採用された。当初は「陸の孤島」といわれていたが、大阪万博をめどに周辺の道路網が整備され、利便性が高まった。

千里ニュータウンは、わずか八年間で建設された。同世代の若い核家族が一度に入居した結果、初期には子供が激増して小学校の教室が不足した。いっぽう近年では高齢化が顕著である。住宅団地の建て替えとリノベーション、地域商業の衰退と再生や交通網の再整備などの現象が進行している。

一九六四年

緑化一〇〇年のシンボルとなった大阪城公園

大阪城公園は、甲子園球場のほぼ二七個分（一〇六ヘクタール）という広大なエリアを誇る。国指定特別史跡である大坂城跡を含む都市公園である。

一九二四年に開園した大手前公園を前身に、一九三一年、市民の募金によって復興天守閣が建立されると同時に「大阪城公園」とされた。当時の公園は一〇ヘクタールほど。城内の大部分は陸軍が使用した。戦後は占領軍が接収している。

大阪市は一九六四年四月二二日に「緑化一〇〇年宣言」を発表した。大阪をうるおいのある健康的な町にするため、全市民が一〇〇年継続して緑化活動を行うという目標が掲げられた。

そこで大阪城公園の再整備も進められた。太陽の広場や記念樹の森、市民の森が設けられ、旧大阪砲兵工廠跡地も公園化された。また、市民より一〇〇〇種九万本が寄せられ植

大阪城の空撮。公園の再整備が行われる前の状況がわかる
〔橋爪紳也コレクション〕

樹が行われた。

緑化宣言から一〇年後となる一九七四年には、大阪市内の樹木は一八〇万本を超え、公園面積も約五〇パーセント近く増えたという。

大阪城公園では、近年、豊臣家が滅亡した「大坂冬の陣」「大坂夏の陣」から四〇〇年が経過したことを記念する周年事業を契機として、パークマネジメントの制度が導入された。緑陰の濃い都市公園という特徴と、歴史の重なる特別史跡の個性を生かしつつ、世界的な観光拠点をめざして魅力向上がはかられている。

一九六四年

社会問題化する交通マヒの解消をめざした阪神高速道路

昭和三〇年代、モータリゼーションが本格化する。そこで交通の円滑化をはかる抜本的対策として、自動車と歩行者の交通を分離、平面交差をなくした自動車専用道路の整備が具体化する。一九五六年、道路整備特別措置法の全面改正により、公団方式による有料道路整備が採用され、「日本道路公団」が設立された。続いて、一九五九年六月に「首都高速道路公団」が設けられる。

対して、阪神地区における高速道路の建設は遅れる。一九六〇年における大阪府内の自動車登録台数は二五万台弱、毎月五〇〇〇台の割合で増加をみていた。左藤(さとう)大阪府知事や神戸市の原口市長は熱心に陳情を重ねた。おりから一九六〇年一〇月六日には、御堂筋などの幹線道路から生活道路まで、渋滞して動けない自動車で埋まってしまう異常事態が発生し、「北大阪の一〇時間交通マヒ」として騒動になった。

一九六二年五月一日、「阪神高速道路公団（現・阪神高速道路株式会社）」が設立される。わずか五か月で準備を整え、大阪池田線の工事がはじまる。起工式から一年八か月が経過した一九六四年六月二八日、土佐堀―湊町間が南行き一方通行により大阪一号線の名称で開通した。出入橋―土佐堀間も完成、公団は「キタとミナミをたった三分」とアピールした。

既成市街地では、用地上の制約などから、線形の決定や工事手法に工夫が求められた。池田線の中之島付近では、土佐堀川から朝日新聞社ビルを貫いて堂島川方面に出るS字の線形が採用された。建物の一部を道路が占有する構造は、日本では先例がなかった。

一九六六年五月、日本万国博覧会の開催が正式に決定した。阪神高速道路では、大阪池田線・大阪守口線・大阪東大阪線・大阪堺線・森小路線・西大阪線・神戸西宮線の七路線が事業認定され、延長七九・四キロの大部分が博覧会までに供用を開始している。

一三号東大阪線では、西横堀―法円坂の区間一・六キロが万国博関連道路として計画・建設された。戦後復興計画に位置づけられた幅員八〇メートルの都市計画道路「中央大通」と一体となって道路の線形が定められた。地下に地下鉄中央線、平面道路上に再開発によって移転を余儀なくされた地権者の受け皿となる「船場センタービル」を建設し、屋上に高架道路を載せるというほかに例を見ない大胆なアイデアが具体化した。

船場センタービルと阪神高速道路。工事中（上）と完成後（下）

一九六四年

五年半の工期で完成した東海道新幹線の「西の拠点」新大阪

弾丸列車計画から東海道新幹線へ

東京オリンピックの開会式を九日後に控えた一九六四年一〇月一日、朝六時に出発式を終えた「ひかり二号」が新大阪駅ホームを出発した。〝夢の超特急〟と呼ばれた東海道新幹線（東京―新大阪）の運行がはじまったのだ。

発車後、アナログの速度計が設置されていた五号車と九号車のビュッフェに乗客が詰めかけた。針が最高時速二一〇キロメートルに達すると歓声があがった。開業当初は徐行運転区間もあったため、慣らし運転という意味合いから、所要時間は四時間と設定されていた。同時刻に東京駅を出発した「ひかり一号」も定刻どおり順調に走行し、新大阪駅の二番ホームに到着した。

鉄道省が東京から下関の間に広軌の新線を敷設、最高時速一六〇キロで運行する「弾丸列車計画」の計画を策定したのは一九三九年のことだ。戦時下にあって、日本坂トンネルや新丹那トンネルの工事に着手するが、鉄路は完成を見ないままに終戦を迎える。

一九五七年、鉄道技術研究所は講演会「超特急列車　東京―大阪間三時間への可能性」を開催し、社会の注目を浴びる。翌年、運輸省内に設けられた「日本国有鉄道幹線調査会」は、広軌による「東海道新線建設」を運輸大臣に提言し、年末には東海道新幹線の建設が閣議決定されている。

ちょうど全線電化が完成した東海道本線では、最高時速一一〇キロ、東京―大阪間を六時間半で結ぶビジネス特急「こだま」が運転を開始した時期である。ただし将来的な需要の増加を予測し、輸送力の増大が不可欠と見て、移動時間を半分に短縮する高速鉄道が必要とされた。

総額一九四八億円の資金調達が課題であったが、時の国鉄総裁十河信二（そごうしんじ）の手腕によって世界銀行から借款（八〇〇〇万ドル）を得て工事がはじまる。神奈川県内に試験用の鉄路が建設され、運行のテストが行われた。戦前に弾丸列車用に掘削されたトンネルを再利用するなどの工夫もあり、五年半ほどの工期で完成した。

当初、旅客を運ばない夜間に貨物列車を運行させる「貨物新幹線」の構想もあったが、

インフレの影響で建設費が高騰したこともあり断念。確保していた用地は車両基地や在来線の貨物ターミナルに転用された。

新大阪駅のご案内

'64/9 大阪鉄道管理局

新大阪駅（上）と時刻表を兼ねた新大阪駅の案内パンフ（下）
〔橋爪紳也コレクション〕

動くパビリオン

東海道新幹線の西の起点は、大阪駅ではなく、「新大阪駅」とされた。新駅の位置が検討され、当初は大阪駅への乗り入れや、梅田貨物駅（梅田北ヤード、現・グランフロント大阪）に併設するという案もあったが、用地の不足と周辺の混雑への対策が必要となり課題が多いことから候補からはずされた。そこで副都心として発展することが期待された現在の新大阪駅の土地が選ばれる。千里ニュータウンへの延伸が決まっていた地下鉄の御堂筋線、幹線道路の新御堂筋との連絡がはかられた。

一九七〇年の大阪万博では、新幹線を利用する旅行者の増加が予想された。国鉄は輸送力増強のため、「ひかり」号を一二両から一六両編成に改めて運行し、万博見学に出向く多くの団体客が利用した。「ひかりは動くパビリオン」と宣伝され、入場券込みのセットチケットや、一部乗り降り自由のフリー乗車券も評判となる。

第三章

大阪万博とは何だったのか

一九七〇年の記録と記憶

万博開幕①

戦後最大のプロジェクトが実現した日本初の万国博覧会

三度も消えた開催の夢

万国博覧会は正式には国際博覧会という。国際博覧会条約にもとづいてパリに本部のあるＢＩＥ（博覧会国際事務局）に登録、認定を受けて開催することができる。

日本における国際博覧会は、一九七〇年の大阪万博が最初となる。ただそれ以前にも、国際的な博覧会を国内で開催しようという動きは存在した。一度目は一八九〇年の実施が企図された「亜細亜博覧会」である。農商務大臣西郷従道によって提案されたが実現には至らない。

二度目は一九一二年に計画された「日本大博覧会」である。東京の青山と代々木を会場に計画された。展示館の設計コンペも行われ、アメリカなどは準備調査の専門家を送り込むなど本格的に動き出していた。しかし、財政難のために五年間の延期が決定してしまう。

さらにその後、無期延期となって話は立ち消えてしまった。

そして三度目が一九四〇年に計画された「紀元二千六百年記念日本万国博覧会」である。神武天皇の即位から二六〇〇年の節目ということもあり、オリンピックとの同時開催が構想された。東京の月島埋立地と横浜の山下公園周辺の二会場、約一六〇ヘクタールが確保された。

幻に終わった「紀元二千六百年記念日本万国博覧会」のポスター

来場者数は四五〇〇万人と見込まれた。実現していれば、一九〇〇年に行われたパリ万博の五〇八六万人という記録につぐ人数になる。三〇館のパビリオンを配置した会場計画も固まり、会場と都心をつなぐ勝鬨橋（かちどきばし）も完成。前売入場券も順調に販売数を伸ばしていた。しかしこの時期、日中戦争が激しさを増し、世界情勢の悪化から、やむなく万博とオリンピックの無期延期、事実上の中止が決定した。

開催決定は東京五輪の一九六四年に

第二次世界大戦で敗北した日本は、「東洋の奇跡」と呼ばれるほどの経済成長を遂げて、見事に戦後復興を果たしていた。一九六四年には、かつて中止されたオリンピックを東京で開催することにも成功した。ここに幻と消えた万博を開催しようという気運が高まる。敗戦後も日本は、海外で開かれていた博覧会に積極的に参加して、その下地をつくり上げていた。

東京オリンピックが開催された一九六四年二月、一九四〇年の万博を主導した関係者を中心に、ふたたび万博開催が提案される。それに呼応するかのように大阪から万博誘致の要望書が提出された。東京や千葉、滋賀なども会場に名乗りをあげたが、同年七月に「大阪を中心とする近畿地方」での開催を誘致する委員会が発足し、活動が本格化する。同年八月には「一九七〇年の万博開催を積極的に推進する」ことが閣議決定された。

わが国に博覧会を誘致するためには、国際博覧会条約（一九二八年調印）を批准する必要があった。衆参両院の議決を受けて、一九六五年二月八日、日本は条約加盟国となった。開催の五年前からという規定を受けて、同年四月、博覧会国際事務局に「日本万国博覧会」の開催を申請する。

正式な登録は、博覧会国際事務局理事会で決まる。それに向けて、計画案のとりまとめ作業が進められた。九月、大阪国際博覧会準備委員会（のちの万博協会）は、「テーマ」を検討・起草するテーマ委員会を立ち上げた。委員長茅誠司、副委員長桑原武夫のもと、井深大、大佛次郎、貝塚茂樹、曽野綾子、丹下健三、松本重治、武者小路実篤、湯川秀樹などが委員に就任した。

桑原は、一九六四年から「万国博を考える会」を設立、研究を継続していた梅棹忠夫に相談をもちかけた。考える会のメンバーである加藤秀俊と小松左京らも参加し、基本理念とともに「人類の進歩と調和」と題するテーマをとりまとめた。

なお、大阪万博では、一九四〇年に計画され、無期限の延期となっていた「日本万国博覧会」で前売りされた入場券を使用できることとされた。

万博開幕②

華々しい成果の裏に隠された米ソの宇宙開発競争

大阪万博は東西冷戦のさなかに開催された。

冷戦下にあって、両大国の威信をかけて行われたのが宇宙開発である。ソ連は一九五七年一〇月に、世界で最初の人工衛星スプートニク一号を軌道に乗せる。さらに、ライカ犬を乗せたスプートニク二号の打ち上げに成功する。

一九七〇年の万博で、両国のパビリオンは、それぞれの宇宙開発の成果を展示した。アメリカは月探索計画であるアポロ計画によって、実際に持ち帰った「月の石」の展示で話題を集めた。いっぽうソ連は人類初の宇宙飛行に成功したガーリンの肖像をシンボルとして、ソユーズやボストークなどの宇宙船や、科学技術の進歩を物語る精密な機械群を展示した。

アポロ一二号に搭乗した三名の宇宙飛行士が、ニクソン大統領の特使として万博会場を

1969年7月20日、アポロ11号は月面着陸に成功した〔NASA〕

訪問し、人々の喝采を浴びた。アメリカ館で自分たちが持ち帰った「月の石」と対面した後、記者団の質問に応じて、ソ連館を見てみたいと答えた。予定にはなかったが、ソ連側は快く受け入れた。冷戦下における親善訪問として話題になった。

宇宙開発の競争は、多様な分野に影響を及ぼした。「スペースエイジ・デザイン」もそのひとつである。ファッションやプロダクトデザインの領域にあって、近未来や宇宙を想像させる流線型や球体、独特な曲線をもったデザインが流行した。

万博開幕③

二万羽の千羽鶴が舞った宝塚歌劇団の演出家による開会式

一九七〇年三月一三日の午後、大阪には大雪警報が発令された。翌日に予定された大阪万博の開会式にどのような影響が出るのかが懸念された。

しかし心配は杞憂に終わった。一四日、雪はやみ、晴れ間が広がり、絶好の開会式日和となった。そして午前一一時、ＮＨＫ交響楽団による演奏で大阪万博はついに幕を開けた。

陸上自衛隊の音楽隊をはじめ、開会式に合わせて編成された三二〇人の大吹奏楽団による演奏に乗って、参加国の旗が参加表明順に入場した。旗を囲むようにそれぞれの国のホステスが花道を歩く。中央まで来るとマイクで「こんにちは」「グッドモーニング」「ボンジュール」など、各国の言葉で挨拶をはじめた。挨拶のたびに参加者からは拍手が送られ、会場はしだいに熱気を帯びていく。

皇太子殿下によってスイッチが押されると、大屋根から吊られていた巨大なくす玉が割

開会式の様子。式には国内外からの招待者約8000人集まった〔写真提供：大阪府〕

れ、世界の人々から寄せられたメッセージの入った紙吹雪や、約二万羽の千羽鶴が客席へと舞い散った。演出装置を組みこんだロボットの「デメ」と「デク」から、会場内に香水が噴出された。白い帽子をかぶり、赤い上着を身にまとった呉羽（くれは）小学校の吹奏楽団によるパレードがはじまる。民族衣装に身を包んだ子供たち約一六〇〇人も加わって、踊りの輪ができる。ほほえましい光景がくりひろげられた。

開会式の構成・演出には宝塚歌劇団の演出家である内海重典（うつみしげのり）が抜擢（ばってき）されていた。この瞬間から、五〇年近くたっても今なお人々の記憶に残り語り草になる大阪万博がはじまった。

万博開幕④

六四〇〇万人が足を運んだ超巨大イベントの内情

大阪万博は、国際博覧会条約にもとづく第一種一般博である。竹やぶが密集していた千里丘陵を切り開いて、総面積は三三〇ヘクタールの会場が造成された。三月一五日から九月一三日まで、一八三日間の会期で開催された。

海外からは七六か国、四国際機関、一政庁（香港）、九州市、二企業が参加した。国内では、日本政府、日本万国博覧会地方公共団体出展準備委員会、二公共企業体、二八の民間企業の出展があった。

各種の記録を列挙すると、迷い人は大人が一二万七四五三人、子供が四万八一九〇人、モノレールの乗車人員は約三三五〇万人、入場券の売り上げは約三五〇億円、落とし物は五万二二七件（そのうち金銭は総額四七八〇万円）であった。

入場者数は、当初想定の倍を超える六四二一万八七七〇人を数えた。一日平均で約三五

入場者で埋め尽くされた大阪万博の会場。最高で1日に83万5000人の来場者を記録した〔写真提供：大阪府〕

万人が入場した計算になる。二〇一〇年の上海世界博覧会に破られるまで、国際博覧会の記録となった。最も来場者が少なかった日は開幕直後の三月一六日で一六万三八五七人、最多であった九月五日は八三万五八三二人を数え、帰宅できない人が少なからず会場にとどまった。新聞などは異常に混雑を示した会場の様子を、テーマをもじって「人類の辛抱と長蛇」、あるいは「残酷博」と揶揄（やゆ）した。

万博開幕⑤

万博史の頂点に立つ、未来へつないだ大阪万博の意義

世界で最初の万国博覧会は、一八五一年（嘉永四年）にロンドンで開催された。機械文明の発展を前提に、世界中の文物が大英帝国の首都に設けられた会場に集められた。その意義は、早くから日本にも伝えられた。一八六二年（文久二年）のロンドン万博では、イギリスの初代駐日総領事であったラザフォード・オールコックが、滞在中に集めた日本の品々を陳列して紹介している。

日本がはじめて参加したのは、一八六七年（慶応三年）の第二回パリ万国博覧会である。幕府、薩摩藩、佐賀藩がそれぞれ出展を行っている。ついで一八七三年のウィーン万博では、明治新政府が公式に参加した。会場では芸妓が接待役を担い、出品された浮世絵の表現がフランスの画壇に影響を与え、「ジャポニズム」が流行する。一八九三年のシカゴ万博では平等院鳳凰堂、一九〇〇年のパリ万博では法隆寺を模したパビリオンが人気を集めた。

二〇世紀前半になると、万国博覧会場では、電化による豊かな消費生活が提示される。さらに二〇世紀後半になると、勧業振興を主とする「見本市的」な博覧会から、新たな技術を媒介として、さまざまな情報やメッセージを提供する場へと転じる。

一九七〇年大阪万博でも、ブリュッセル万博（一九五八年）やモントリオール万博（一九六七年）にならって「統一主題」（テーマ）を設定することとされた。専門家による議論の結果、技術文明の進歩を示すだけではなく、同時に生じる課題をどう解決するのかという問題提起を含めて、「人類の進歩と調和」というテーマが選ばれた。

加えて、さらにわかりやすく出展者に説明するために、以下の四つの主題（サブ・テーマ）が設定された。

「より豊かな生命の充実を」生命の起源・神秘、医療、心理、出産・育児、趣味など
「よりみのりの多い自然の利用を」養殖、栽培、開拓、エネルギー、海底資源、気象など
「より好ましい生活の設計を」衣類、食料、住宅、乗り物、公害防止、時計など
「より深い相互の理解を」言語、報道、通信、教育、家族、芸術、文化交流など

各出展者は、このサブテーマのいずれかに沿って、展示を構築することになる。

以下より一九七〇年大阪万博の各パビリオンの概要を紹介していくことにする。

人物伝　丹下健三――会場全体のマスタープランを担当

日本初のリフトアップ工法を採用

一九七〇年大阪万博にあたって、誘致段階の会場構想をまとめたのは都市計画家の浅田孝であるとされる。浅田は一九六四年、大阪府から「近畿万国博覧会構想に関する研究報告」の策定を受託し、建築評論家の川添登らとともに初期のマスタープランを手がけている。

東京大学で丹下研究室を支えた時期もある浅田は、一九六〇年、菊竹清訓、黒川紀章、栄久庵憲司、粟津潔、槇文彦、大高正人など、先鋭的な建築家やデザイナーとともに「メタボリズム」のグループを結成したひとりでもある。

実際に会場のマスタープランをまとめたのは、東京大学の丹下健三である。丹下は第二回テーマ委員会から関与し、「人間は都市をつくる動物である」という趣旨の発言をしている。

会場計画委員会が組織され、京都大学の西山夘三とともに原案を作成するチーフ・プランナーとなった。双方の研究室のメンバーが意見を交換し、会場は、各種の施設の単なる容れ物ではなく、未来都市の姿につながる「重要な出品物」とするべきという認識で一致したという。

また、テーマ委員会で議論された基本理念にある「人類協和の喜ばしい一つの広場が出現する」という言葉をもとに、西山夘三は「広場」の建設を考えた。これを受けて、「お祭り広場」という概念を創案したのは、西山研究室の上田篤である。

一九六六年九月、丹下と西山は、会場基本計画の第三次案をとりまとめる。半透明の大屋根で覆われた「お祭り広場」で、さまざまな催事が行われる旨が報告された。また会場内の各所への移動手段として、「動く歩道」が整備されることも提案された。

一九六七年、丹下は施設計画全体を担う基幹施設プロデューサーに就任する。

丹下は、交通広場、テーマ館、お祭り広場、美術館やホールなどからなるシンボルゾーンを設定。主要施設を覆うように、鋳鉄のボールジョイントで鉄管をつないだトラス構造のスペースフレーム、いわゆる「大屋根」を架構することとした。

初期案では、地下と地上に分かつテーマ館部分に円形、池の上部に矩形（すべての角が直角の四辺形）の開口を設ける絵が描かれている。テーマ館のプロデューサーとなった岡本太郎が、この開口部から顔を出すように、「太陽の塔」をデザインした。

大屋根は、地上で組み立てて、ジャッキで持ち上げて完成させる工法がとられた。日本では先例がなく、アメリカから持ち込んだジャッキが使用されることになる。

日本館

日本と日本人のこれからをアピールする会場最大のパビリオン

桜の花びらの形をした日本館

日本館のテーマは「日本と日本人」である。日本という国、日本人という民族がどのような過去を経て、そしてどのような理想をもって未来へ進むのかを、世界に向けて表す狙いだ。同時に、国民には強い自信と希望、そして誇りをもってほしいという思いが託された。

日本館の敷地面積は三万七七九一平方メートル。ちょうど国土の一〇〇〇万分の一にあたる。主催国ということもあって、会場内で最大級のパビリオンであった。高さ八〇メートルの塔を囲むように円筒形の五棟の建物が配置された。桜の花びらのような構成は、まさに日本を表すにふさわしい。また万博のシンボルマークをかたどったものでもある。

展示館には、それぞれ「むかし」「いま」「あす」などのテーマが託された。全館をめぐ

日本館。80メートルの塔を中心に、桜の花びらの形で配置されていた
〔写真提供：大阪府〕

ると、日本がたどってきた歴史と未来の技術を学びつつ、日本という国への理解を深めることができた。

日本を丸ごと体験できる五つの館

一号館は「むかし」がテーマである。古代から現代に至る日本の歴史を、文化という観点からまとめた展示になっていた。仏教が伝来し貴族文化が栄えた古代、宋や明から流入してきた文化と禅文化が形づくる鎌倉・室町時代。安土桃山時代を経て江戸時代、西洋文化の洗礼を受けた明治時代、そして現代へと続く歴史が、模型や写真とともに紹介された。江戸時代の庶民文化を伝えるために設置された文楽人形は、自動装置によって所作を演じた。

続く二号館と三号館は「いま」をテーマとする。戦後復興を果たした日本のエネルギーとたくましさが示された。なかでも二号館にある二五メートルもの鋼鉄の壁が圧巻であった。三〇万トンタンカーの船尾がモチーフとなっていた。

三号館では、農業や海洋開発に関する展示が展開する。日本の四季を紹介、自然と人間の付き合い方が示された。「日本の海洋」コーナーでは四面のスクリーンを利用し、一五〇人が乗れる潜水艇で海中旅行をするという設定の映像を上映した。

四号館は「あす」、すなわち未来に向けた日本の高い科学技術を示すことが意図された。南極探検の様子やファイバースコープ、耐震建築などが陳列されていた。国鉄は、未来の乗り物であるリニアモーターカーの模型を出展した。

もう一つの目玉として「月の石」も展示されていた。アメリカ館の月の石と同様に、アポロ計画によって持ち帰られたものだ。大きさは四～五ミリメートルほどの小さなもので、直径二二ミリメートルのプラスチックに埋め込まれていた。日本館にアメリカの宇宙開発の成果が展示されることに対して、反発もあったらしい。

黒いキノコ雲やくすんだ血の色を表現し、原子爆弾によって受けた日本人の悲しみを込

原爆ドームなどが描かれたタペストリー「かなしみの塔」

めた「かなしみの塔」というタペストリーも注目された。オレンジと赤の太陽を中心に据え、原子力の平和利用による人類の幸福を願う「よろこびの塔」と対になる展示である。どちらも縦九・二メートル、横一九・二メートルという巨大なものであった。

五号館では高さ一六メートル、幅四八メートルの大スクリーンによる映画上映が行われた。「日本と日本人」と題された映画の撮影のために、八つのレンズをもつダブルフレーム八連動式カメラが新たに開発された。

アメリカ館

月世界の一端を見られる東京ドームの原型にもなったパビリオン

五〇〇〇ルクスの明るさを誇る

アメリカ館の敷地面積は二万平方メートル。館内に一歩足を踏み入れると、屋根を支える柱が一本もないことに気づく。

パビリオン内外の気圧に差を設けて、大空間とする空気膜構造が採用された。またガラス繊維の布地をビニールコーティングした屋根は、自然光をとりいれることができた。日中、館内の照度は五〇〇〇ルクスにもなった。

大林組が施工し、アメリカ陸軍極東地区工兵隊が工事の管理を行った。ちなみにこの工法は万博で注目を浴び、のちに東京ドームも同じエアドームでつくられることになる。

五時間待っても見たい「月の石」

上空から見たアメリカ館。宇宙開発のために生み出された技術などが応用されていた〔写真提供：大阪府〕

アメリカ館の目玉が「月の石」である。米ソの宇宙開発競争が激化するなか、アメリカは前年にアポロ一一号、一二号を月へと送り、表面の石を持ち帰っていた。アポロ一一号の月面着陸はテレビで中継され、世界中の人々が注視した。人類ではじめて月に降り立ったニール・アームストロング船長の「これは一人の人間にとっては小さな一歩だが、人類にとっては偉大な飛躍である」という発言はあまりにも有名である。

「月の石」の実物を一目見ようと、人々がアメリカ館に殺到した。入場までには最大で四〜五時間もの待ち時間が発生した。

宇宙関係の展示は「月の石」だけではない。はじめて月を周回したアポロ八号の実物や、ア

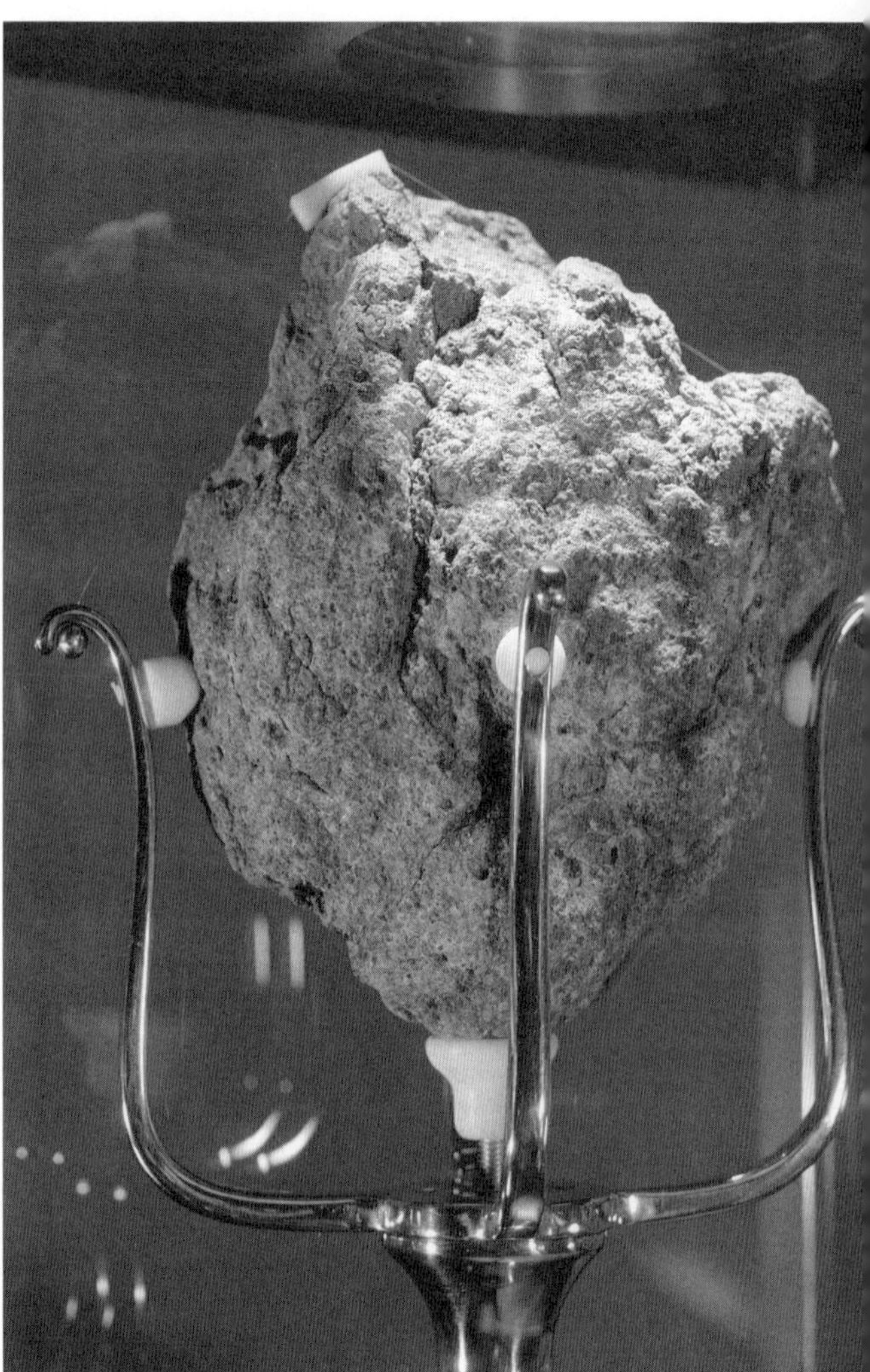

ポロ一一号の月面着陸とその着陸地「静かの海」の原寸大の再現、宇宙服や実際に使用された道具類も置かれていた。アポロ一二号に乗っていた宇宙飛行士のリチャード・F・ゴードン、チャールズ・コンラッド、アラン・L・ビーンら三人が、ニクソン大統領の特使

アメリカ館で公開された「月の石」

として訪れた際には、おおいに話題となった。

宇宙展示のほかに、六つのセクションがあった。アメリカ絵画展では、メトロポリタン美術館がはじめて国外への持ち出しを許可した作品が並べられた。民芸展ではスミソニアン博物館が所有するネイティブアメリカンやイヌイットの文化遺産が展示されていた。そのほか、一〇人の写真家展、建築展、ニューアート展、スポーツ展などがあった。ベーブ・ルース愛用のユニフォームやバットも陳列された。

アメリカ館にあって、八つ目の展示ともいえるものが、アメリカ人のホストとホステスだった。海外のパビリオンでは最も人数が多く、男女それぞれ二八人、合計五六人が来場者たちを温かく迎えてくれた。選ばれた五六人はそれぞれが日本に高い関心をもっていて、全員が大学で二年以上日本語を学んだ経験を有していた。

彼らは全員がアメリカ国務省の資格試験に合格しており、万博開催中は日本人の家庭にホームステイをしていた。彼らはホスト、ホステスという役割以上に「生きたアメリカ」を体現する存在でもあった。展示を見るだけでは本当のアメリカは伝わらない、人と人とが触れ合ってこそ真に理解できる、と考えたのだろう。

ソ連館

宇宙開発でアメリカと競い合う大国の実態と実力が明らかに

万博一高い一〇九メートルの建物

万博会場には、ひときわ大きな建物が三つあった。敷地面積で最大を誇る日本館、巨大なエアドームのアメリカ館、そしてソ連館である。

ソ連館にあって、特筆すべきは尖塔の高さだ。通天閣とほぼ同じ一〇九メートル五〇センチになる。頂点にはソ連の国章である鎌とハンマーが、五・五メートルの大きなオブジェとして飾られていた。

威信をかけた宇宙開発の世界初

万博が開催された一九七〇年は、ソ連にとって特別な年だった。万博開催中の四月二二日が、革命家であり、指導者であったレーニンの生誕からちょうど一〇〇年目にあたって

ソ連館の外観。内部には柱がなく、2か所の吹き抜けが設けられていた
〔写真提供：大阪府〕

いた。

パビリオン内の第一会場では「世界最初の社会主義国家の誕生」というテーマで展示が展開された。実際にレーニンが使用していた所持品が並べられ、彼の人生と、ソ連邦が設立されるまでの歴史が詳しく語られた。その過程でソ連と日本の関係性にも言及された。またこの会場には大スクリーンがあり、そこでは生前のレーニンを撮影したフィルムが流された。

二階に進むと多数の芸術品が展示されていた。古代ロシアの聖像画、スキタイの金でできた装飾品、ドストエフスキーやトルストイの愛用品にチャイコフスキーが使用していたというピアノなど、ソ連が誇る偉人たちゆかりの逸品を見ることができた。三階はシベリアの紹介にあてられ、地下資源について詳しく説明された。

ソ連館のもう一つの目玉が、宇宙開発や科学技術に関する展示である。

ソ連は、一九五七年には世界ではじめての人工衛星スプートニク一号の打ち上げに成功する。同年にライカ犬を乗せたロケットを宇宙に送った。一九六一年にはユーリイ・ガガーリンが、人類初の有人宇宙飛行を成し遂げる。彼の残した「地球は青かった」という言葉は有名だ。

高さ八〇メートルの吹き抜けをもつ大ホールにガガーリンの肖像を飾り、ドッキングするソユーズやボストークなどが展示された。ほかにレーザーや、深海探査などを紹介し、その高い技術力を見せつけていた。

収容人数八〇〇人を誇る地下のコンサートホールでは、民族の歌や音楽、舞踊を披露し、さらに別棟のレストランとカフェテリア「モスクワ」は一〇〇〇もの席があり、ロシア、ジョージア（グルジア）、ウクライナなどの郷土料理を提供していた。

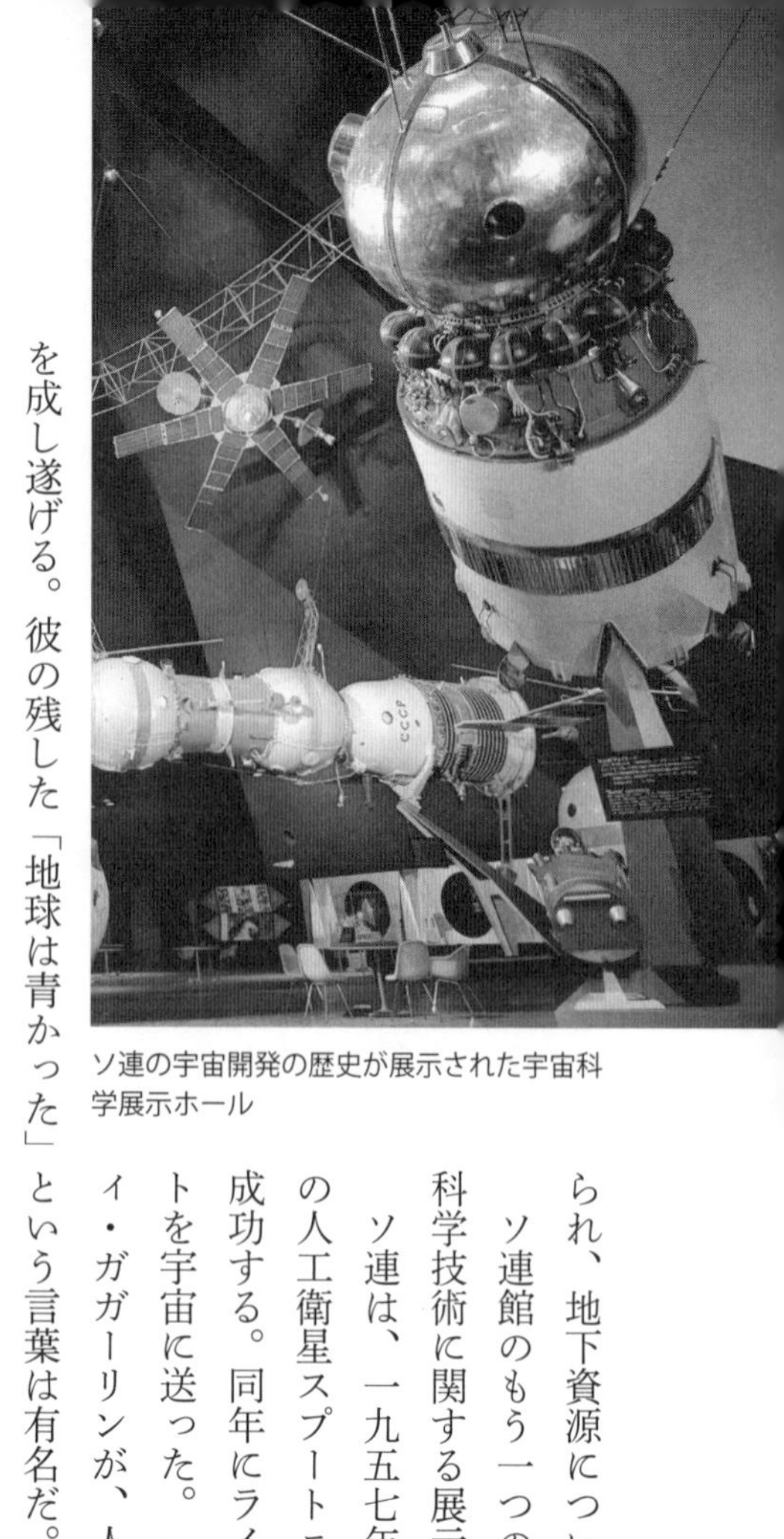
ソ連の宇宙開発の歴史が展示された宇宙科学展示ホール

スイス館

どこから見ても入ってもいい、展示館の常識を破ったスイス館

テーマは「調和の中の多様性」

大阪万博では、屋内展示だけではなく、個性的な外構が話題となったパビリオンがあった。

たとえば五二六本の青いポールを立てて、平和に貢献した人々の名を刻む「平和の広場」を設けた国連館、鏡のような傾斜した展示館の中央に広場を設けていたカナダ館、建物の外周をめぐる「動く歩道」から円筒形のパビリオンの外壁に投影したスライドを動画のように見せたリコー館などが印象深い。

なかでも、外構が最大の展示空間となっていたのが、「調和の中の多様性」をテーマに掲げるスイス館である。

スイス館は、「光の木」と呼ばれたデコレーション・ツリーのある広場、展示場、レスト

スイス館のデコレーション・ツリー「光の木」。アルプスの樹氷を表現していたといわれる〔写真提供：大阪府〕

ランのある展示館で構成されていた。計画された動線や一定の出入口もなく、入館者は「光の木」の広場や、「スイスの文化」「観光地としてのスイス」「スイスの経済と産業」の三つのテーマを示す展示室を自由に移動することができた。

アルプスの樹氷を思わせる「光の木」

象徴的な「光の木」は、建築家ウィリー・ワルターがデザインした高さ二一メートルもある巨大な彫刻作品である。アルプスの樹氷をイメージしたといい、中央の柱から五メートル四方に幹を張り、さらに五五メートル四方の範囲にまで、表面をアルミニウム板で覆った特殊鋼材を三七〇トンほど用い、大枝、中枝、小枝を三層に伸ばした。

　このうち「小枝」の先端に、合計三万二〇三六個の透明ガラス白熱電球（四〇ワット）がとりつけられていた。夜になるとデコレーション・ツリーは、きらめく樹氷のように輝き、幻想的な景観を提供した。

　また夏季には、涼を提供する趣向もあった。幹の根元の地下部分に空気調整装置をセットし、枝の間から冷やされた清浄な空気を送風した。「光の木」のある広場全体が、アルプスを思わせる涼やかさに包まれる仕掛けになっていた。

　さらに枝の上方に一〇四個のスピーカーを設置し、電子音楽を一帯に流した。樹氷の下で自然を意識させつつ、「光の木」の視覚効果を高めるべく、さまざまな鳥の鳴き声をとりこみ、特別に作曲されたものである。

国連館の「平和の広場」。国連館の展示は地下にあった〔写真提供：大阪府〕

人物伝　手塚治虫――フジパン・ロボット館を監修

ロボットを通して生命の尊さを説いた

大阪万博の際、手塚治虫（てづかおさむ）は四二歳。政府出展委員や「万国博への提案」審査委員などをつとめている。なかでも印象に残る仕事がフジパン・ロボット館のプロデュース業務である。

建物は二階建て、芋虫のような外観のテントづくりで、中央にキラキラ光るミラーボールをとりつけた高さ三五メートルのテーマ塔が立ち、昆虫の触角を思わせた。

パビリオン内は「ロボットの森」「ロボットの町」「ロボットの未来」に区分し、「子供の夢」を主題に四〇体ほどのロボットが登場した。ユニークなのが、それぞれに異なる道具をもった多数のアームを突き出した巨大なロボット飛行船である。またロボットとポラロイド写真を撮影してくれるコーナー、宇野誠一郎の楽曲に合わせて、ドラムやピアノ、ハープなどを楽しげに演奏するロボット楽団も話題となった。

展示の基本となったアイデアは、「役に立つテクノロジー」ではない、「非実用」かつ「遊びの仕掛け」となるロボットを見せようというもの。人々が願う「ロボットのある社会」を示したいと考えたという。

ロボット館の構成には、手塚が実見した一九六四年ニューヨーク世界博の人気館「イッツ・ア・スモール・ワールド」の影響をみることも可能だろう。ディズニーが演出した展示館では、「子供の世界」に託しつつ各民族が共存する「平和な世界」の理想を現出させた。対して手塚は、ロボット技術の進歩で人類が手にする「夢」を示してみせた。

いっぽう「ロボットの未来」と題するコーナーでは、ロボットに頼るあまり、人は政治や研究開発もロボットに委ねてしまい、結果、ロボットたちがみずからを大量生産するようになる。やがて戦争の結果、ロボットが勝利し人類は滅びてしまったとするストーリーが展開される。人間にとってかわったこのロボットの末裔（まつえい）が、今日の人類だという意外な問題提起で展示は終わる。「人類の進歩と調和」という大阪万博の主題への手塚の応答が、このような表現であったことは興味深い。

博覧会ののち、ロボット館は愛知県長久手町（現・長久手市）の愛知青少年公園に移された。この常設館も一九九三年には解体されたが、ロボット楽団と飛行船は愛知県児童総合センターに移され、さらに二〇〇五年の「愛地球博」に出展された。手塚ゆかりのロボットは、二度の万博に出品されたわけだ。

富士グループ・パビリオン

ゴムと空気でつくられた画期的な建造物

台風が来ても心配ない巨大風船

アメリカ館を出て北西に向かうと、東芝ＩＨＩ館、三井グループ館や電力館など国内展示関係のパビリオンが目に入る。それらを通り過ぎてさらに道なりに進むと、やがて左手側に幌馬車の幌のような黄色っぽいカラフルな建物が見えてくる。富士グループのパビリオンだ。

この建物は、合成繊維と合成ゴム製の大きなチューブ（エアビーム）でできている。直径四メートル、長さが七八メートルもある巨大なチューブに空気を送り込み、それを半円形に建てたものを一六本つなぎ合わせて完成させた。

富士グループ・パビリオンの建築方法は、この規模のものとしては世界初の事例で、宇宙開発などさまざまな分野に応用できるのではないかと注目を集めた。

富士グループのパビリオン外観〔写真提供：大阪府〕

ゴムチューブでできた建物とはいえ、その大きさは一〇階建てのビルがまるごと入ってしまう。強度が心配になるが、空気圧を調整することで秒速六〇メートルの台風でも倒壊することなく耐えられるものとして設計された。また、空気を抜けば撤去も簡単と、利便性も高い。

　このパビリオンが成立するまでには苦労があった。空気膜構造を専門とする建築デザイナーの村田豊によって、すでに基本的なデザインは決定されていた。しかし設計図に落とし込むことはできなかった。この時代の建築業界にはまだコンピューターが導入されていなかったのだ。

　そこで活躍したのが元カー・デザイナーの沖種郎（おきたねお）である。パビリオンの基本設計を決める最終ミーティングで「次で結論が出なければ設計変更もやむなし」と行き詰まっていたおりに、手を挙げたのが沖だった。

　あの複雑な曲線を数学的な計算では設計図に落とし込

めないが、自分が車のデザインで試みていた手法ならできるはずだという直感があった。五日間寝ずに作成したとされる図面は村田を満足させ、パビリオン建設へと結びついた。

一周二〇分で人間の営みと世界に存在するあらゆるものを見る

パビリオン内に入ると、大きな回転歩道がある。一周二〇分で戻ってくるこの歩道に乗って、多様な映像を観るという趣向であった。

映像は二種類あった。一つは高さ一三メートル、幅一九メートルのジャンボスクリーンに映し出されるマルチビジョン映像。巨大かつ鮮明な映像を写すために、七〇ミリ映画の三倍に相当する二一〇ミリフィルムと特殊なプロジェクターが開発された。地球上の人間のさまざまな営みを撮った映像作品には、はじまりも終わりも存在せず、いつパビリオンに入ってもよい構成であった。

もう一つが「マンダラ」と名づけられた作品である。赤ん坊や老人、ミクロの世界からマクロの世界まで、世界に存在する雑多なものを一六八のスライドに編集し、誕生、憎悪、孤独、絶望、愛、祈り、調和、宇宙という八つのテーマが付与された。

七〇台のスピーカーからは、黛敏郎（まゆずみとしろう）が作曲した電子音楽が流された。床以外どこを見て

富士グループのパビリオンの内部

も何かしらが映っているダイナミックな演出は、動く歩道とあいまって、自分がどこにいるのかを忘れさせてしまう幻想的な体験を提供した。

三菱未来館

映画界の巨匠たちが五〇年後、二〇二〇年の生活を描いた

五〇年後の未来社会

今から五〇年後の未来の生活は、いったいどれだけ便利になっているのだろう。そんな空想を形にしたパビリオンが万博内に存在した。万博中央口駅を降りてお祭り広場に向かう途中、右手側に進むとＩＢＭ館とクボタ館の向かいに立つ三菱未来館である。

「日本の自然と日本人の夢」がテーマに掲げられた。建物はいくつかのブロックに分節化し、「天・地・人」「真・副・体」という生け花や作庭で用いられる伝統的な空間構成の美学が応用されている。見る人の位置によってさまざまに変化し、〝動く建物〟と呼ぶ人もあったようだ。

円谷英二によって表現された未来

三菱未来館の外観。角度により見え方が変化した〔写真提供：大阪府〕

観客は長さ一五二メートルほどのトラベーター（動く歩道）に乗って五つのセクションに分かれた展示を見ていくことになる。最初のセクションに入った途端、轟音が鳴り響く。急に暴風雨が吹き荒れる海のなかへと放り出されるのだ。

多面スクリーンとマジックミラーを合わせ、部屋全体を継ぎ目のないスクリーンにしたホリミラースクリーンと呼ばれる技術によって、両サイドに臨場感のある自然の猛威が映し出された。

次は一転して、静かな宇宙空間に入る。宇宙ステーションの気象管理センターには世界の気象図があり、各国の言語で状況がアナウンスされている。すると突如警報が鳴り響き、超大型台風の接近が判明。だがそこで颯爽と「気象コントロール・ロケット隊」が出動し、人類の叡智によって台風

三菱未来館で展示された未来都市

を制圧するドラマが映像で展開される。

ロケット隊の活躍が終わると海底探査艇へと乗り込み、舞台は深海に転じる。海底に降るマリンスノーの幻想的な風景のなか、海底農場や海底油田、海底発電所などの様子が映し出される。パイプと球体の構造物によってつくられた幾何学的な海底都市のモデルも示された。スモークスクリーンに投影された巨大なサメの下をくぐり抜け、最後のエリアに入る。

宇宙、海底の次は、「自然と機

械がとけあう未来都市」である。新緑に囲まれた未来住宅が入館者を迎える。室内には、壁掛けテレビ、ホーム電子頭脳、電子調整器などがあり、窓ごしに富士山麓に広がる「新居住区」を展望することができた。そのほか、機械化された集約農業などの紹介もあった。「緑に恵まれた居住区」と「機能的な都心部」が結合する様子を示すことで、「自然と機械の調和」した社会の可能性が示された。

二〇二〇年の〝驚異と夢〟の世界から帰還すると、最後に、入館者が主役となる「レクリエーション・ルーム」が設けられていた。ここでは「あなたも参加する」と題して、自身が参加しながら、実験的な映像体験を楽しむ趣向が用意されていた。ステージで踊る観客の姿を即時に五倍の大きさで巨大なモニターに投影する「シルエトロン」、二二〇度の超広角レンズを用いて床下の映写機から球状に三次元の映像を投影する「球体スクリーン」などもあった。

三菱未来館では、総合プロデューサーに東宝の田中友幸を迎え、星新一、矢野徹(てつ)、福島正実(まさみ)などのSF作家や、イラストレーターの真鍋博なども企画に参画した。映像制作にあたって円谷英二(つぶらやえいじ)が特技監督をつとめた。ただ円谷は大阪万博の開幕を見ることなく、一九七〇年一月二五日に亡くなっている。

日立グループ館

航空機のシミュレーターで子供たちの人気は断然トップ

二六〇人乗りのUFO

日立グループ館は、まるでUFOのような、宙に浮いた円盤状の建物が印象的であった。円盤部分の直径四六メートル、高さ二四メートルで、内部は四層に分かれていた。テーマは「追求（未知への招待）」。コンピューターによる航空機のシミュレーションと、レーザー技術を応用した「レーザーカラーテレビ」がおもな展示であった。

入館者はまず、長さ四〇メートルの空中エスカレーターで、最上階のガラス張りのスカイロビーにのぼる。その際、まず提示された三つのフライトコースから、自分が気に入ったものを選び投票する。

万博会場の風景を高みからしばらく眺望したのち、円筒形エレベーターで、階下の「シミュレート・ホール」へ降りる。このエレベーターは二層になっていて、各層一三〇人ず

日立グループ館の外観。未来の乗り物を連想させるわかりやすい造形の建物だった〔写真提供：大阪府〕

つ、合計二六〇人を一度に運ぶことができた。「マンモスエレベータ」と命名されていた。

ホールは、一六ある操縦室への入口である。半円形の床に八人が座るシートがあり、それが一六組分、並んでいた。合計一二八人が同時に体験できるというわけだ。

コンパニオンからの注意を受けたのち、シート全体が回転し操縦室に入る。その際、先に全員が投票したうち、多数決で決定したコースが発表された。操縦室には各種の機器や操縦桿（そうじゅうかん）があり、前面のスクリーンに滑走路が映っている。機はジェット音とともに離陸、やがて雲海へ突入し、上空からの風景が展開するなど、まさにフライトしているような気分になった。

もっとも実際にシミュレーションを体験でき

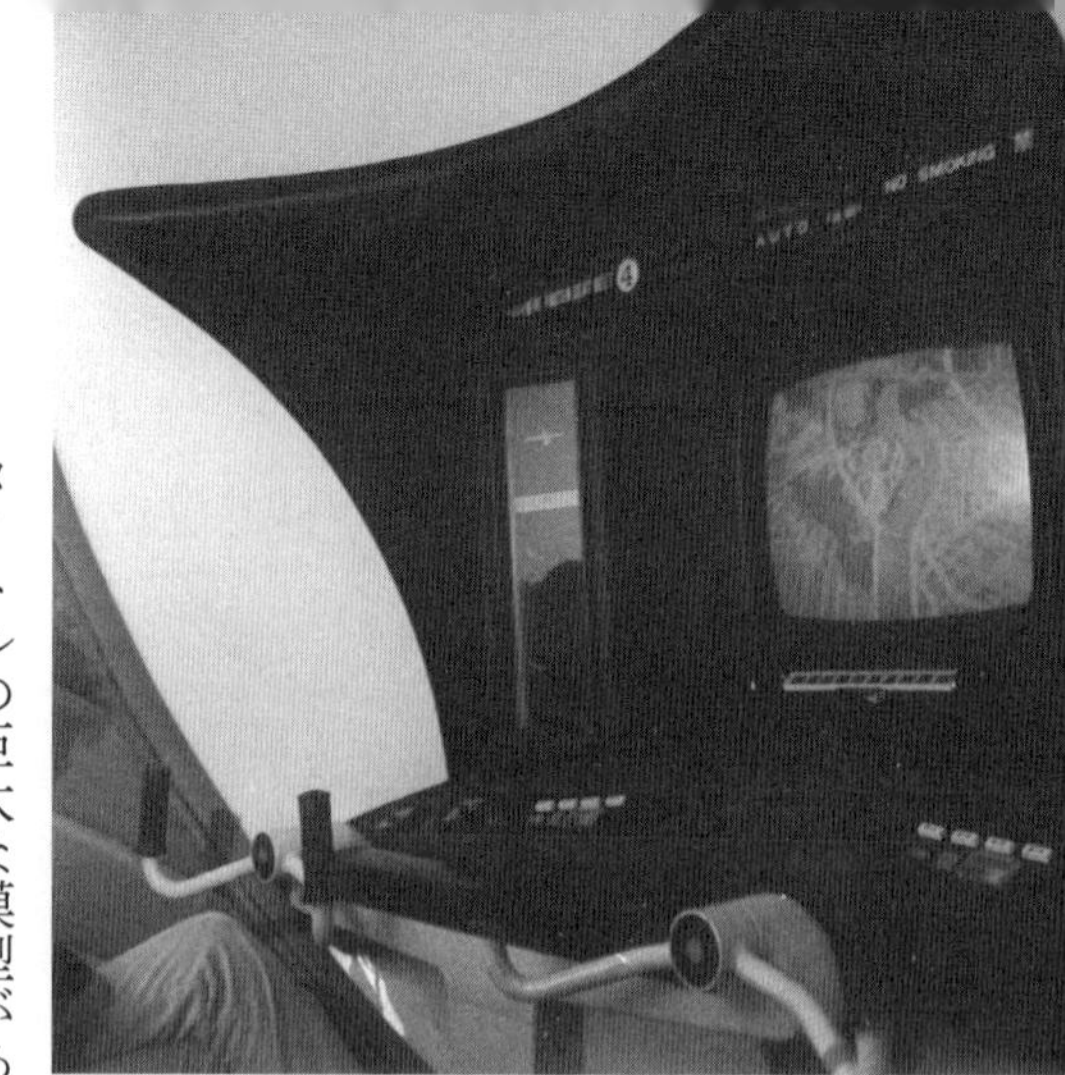

日立グループ館の飛行体験シミュレーター

るのは、離陸時と着陸時のみであった。一号機の操縦者が空港からの離陸を担当し、一六号機の操縦者が着陸をまかされた。操縦が下手(へた)な場合は、ときに滑走路に激突し、大破することもあった。

シミュレーション・トラベル

模擬飛行の体験が終わると、ふたたびエレベーターに乗って二階の「シミュレーション・スタジオ」に移動する。空港を六〇〇分の一に縮小した、長さ一六メートル、幅四メートルの巨大な模型があり、テレビのカメラがクレーンから吊るされ移動できる仕組みになっていた。先に入館者が体験した離陸と着陸のシミュレーションは、CGなどではなく、この模型で実際にカメラを動かして表現されていたことが説明される。

ホステスのユニフォームも、飛行機のアテンダント風で、パンフレットも、パスポート仕立てと凝っていた。擬似的な旅を体感できる日立グループ館は、子供や学生から絶大な人気を集めた。

松下館

五〇〇〇年後の未来に残すタイムカプセル

一万本の竹に囲まれた建物

アメリカ館の西、アメリカン・パークの横に松下館があった。天平(てんぴょう)時代（七一〇～七九四年）の様式をとりいれた和風の外観が印象的である。

赤い柱に支えられた大きな屋根。壁はプラスチックの板をガラスで挟み、障子のように見せたガラスの内側に白色蛍光灯が装備され、常時点灯された。敷地の三分の二を占める水盤(すいばん)に、建物の姿が美しく映りこんだ。さらに建物を囲むように一万本の竹が植えられていた。日本の風情を感じさせるパビリオンである。

伝統と歴史を詰め込む

内部には三階まで吹き抜けになった大ホールがあり、一階中央部には巨大な容器が置か

松下館の外観。タイムカプセルのほか、トランジスタテレビなどの電化製品の展示も行われた〔写真提供：大阪府〕

れていた。松下館の目玉である「タイムカプセルＥＸＰＯ'70」である。多くのパビリオンが未来を見せるなか、松下館は「伝統と開発」をテーマとした。今につながるこれまでの伝統、歴史をタイムカプセルに詰め込んで、未来の人類へと伝え残そうとしたのだ。

カプセルは高さ一・三メートル、内容量は五〇〇リットル。重さは一・六トンにもなるホワイトグレーの球体だった。特殊なステンレス鋳鋼でつくられ、二重蓋になっていて気密性も高い。タイムカプセルの収納物は、二〇六八点を数える。サラリーマンの一日と一生や日本の四季を絵巻物形式に記録した「現代人間絵巻」（全四巻）、日本および世界の地形・地質・社会・産業・公害など広範囲の問題を集録した「アトラス日本と世界」、各種の種子、宇宙開発の資料、原子爆弾の被災遺物、蚊やハエの標本などが選ばれた。加えて、現代人の表情を写したフィルム、交通安全のお札、漫才、落語、動物の声などの録音、現代文学作品、美術、音楽、映画など、一九七〇年代の文化遺産というべきものも収められた。これらの品々は、パビリオンの二階から三階に展示され、入館者はそこで、五〇〇〇年後の未来に伝えるべき情報の全貌を確認することができた。

松下館で展示されたタイムカプセル

　タイムカプセルは同じものが二セット用意され、一九七一年の三月に大阪城天守閣の正面に埋められた。一つは二〇〇〇年に一度開封され、以後一〇〇年ごとに点検されることになっている。もう一つは五〇〇〇年後まで開封されることなく、地下で眠っている。五〇〇〇年後の未来に思いを馳せたのち、入館者は、渡り廊下でつながれた後棟に入る。ここには伝統的な静寂の世界が用意されていた。和装のホステスが、優雅な仕草でお点前を提供してくれる。その後、竹林を渡る風の音を耳にしながら館外に出ると、「五〇〇〇年の道」と命名された散策路があった。ここでは四季折々の風情に合わせて、虫や鳥の声が聞こえる仕掛けが用意されていた。

せんい館

異彩を放つロビー人形など前衛芸術の塊だったせんい館

会場の中央北に、日本繊維館協力会によるせんい館があった。スロープ状のパビリオンの中央には赤いドームが突き出している。ドームのまわりには建設用のものらしき足場が組まれたままだ。

万博開催までに工事が間に合わなかったわけではなく、完成一歩手前で凍結された状態を芸術として表現したものだ。「凍結足場」と名づけられたオブジェには作業員を模した人形も設置され、未完の美を表している。

アコという女性が登場する前衛的なスペースプロジェクションが評判となった。アーティスティックな感覚にあふれる展示物は、横尾忠則が手がけたものだ。

入口ロビーで待ち受けるのが、黒のフロックコートに黒の山高帽をかぶった男たちである。彼らはシュルレアリスムで知られる画家、ルネ・マグリットの作品に描かれる人物を模したようにも見える。四谷シモンの作品である。

万博開催の二年前に依頼された四谷は、糸をテーマに作品をつくろうとした。そこでレーザー光線を使って、人形にあやとりをさせようと思いついたという。

人形は万博終了後に散逸したが、香川県にある「四谷シモン人形館・淡翁荘」に展示され、今でも見ることができる。

せんい館の外観。足場が組まれていて工事中のようにも見えるが、作業員の全身が赤く塗られていて、人形だとわかる〔写真提供：大阪府〕

ロビー人形〔写真提供：大阪府〕

ガス・パビリオン

六四〇枚の陶板でつくられた巨大壁画「無垢の笑い」

日本ガス協会のガス・パビリオンは、圧しつぶされた豚の蚊取り線香入れのような外観で人気があった。このパビリオンのテーマは「笑いの世界」であった。

館内の電力、冷房用冷水、温水などのすべてが、ガスでまかなわれた。日本では初となるシステムである。また便をガスで焼却するトイレも話題となった。

映像ホールでは、音楽を軸とした「笑いのシンフォニー」が上映された。当時大人気だったクレージーキャッツが出演しており、ギャグやハプニングの連続でまさに笑いが絶えない作品であった。

スロープを下りて一階の展示ホールへ進むと、巨大な壁画があった。スペインの巨匠であるジョアン・ミロの「無垢の笑い」と名づけられた作品である。陶板（絵柄や模様を焼き付けた鑑賞用の板状陶器）を六四〇枚も使った大作で、高さ五メートル、横幅一二メートルにもなった。赤や青、緑や黄などさまざまな色を使い、いくつもの目がこちらをのぞき込むように見える。

スロープの壁面にも高さ一二メートル、横二五メートルにわたる絵が描かれた。ほかにもミロが制作した笑いをテーマにしたオブジェがいくつもあり、ホールは芸術的な空間となっていた。「無垢の笑い」は現在、大阪中之島にある国立国際美術館に展示されている。

ガス・パビリオンの外観〔写真提供：大阪府〕

巨大壁画「無垢の笑い」〔写真提供：大阪府〕

人物伝　石坂泰三――日本万国博覧会協会会長

シンボルマークを差し替えた「財界総理」

石坂泰三は、東京帝国大学法科を卒業したのち逓信省に入省、第一生命保険相互会社社長であった矢野恒太の秘書を経て、同社の社長をつとめる。終戦後に、労働争議で混乱のさなかにあった東京芝浦電気（現・東芝）の経営を任される。組合と交渉のうえ大規模な人員整理を行い、再建を果たした。

一九五六年には、第二代経済団体連合会（経団連）会長をつとめている。官による干渉を排除して自由主義経済の原則を守るべく、日本商工会議所会頭であった藤山愛一郎とともに鳩山一郎首相に対して退陣を求めるなど、政治的な発言も躊躇せず行った。「財界総理」の名で呼ばれるゆえんである。

その後、一九六四年の東京オリンピックでは資金財団の会長となり、国家的なイベントを支えた。

一九六五年、三木武夫通産大臣から日本万国博覧会協会の会長職就任を打診される。関西の財界人から人を探していたが難航していた。この依頼に対して、石坂も高齢などを理由に固辞したという。当時の日記に「くわばらである」と記したという。

しかしエジプト出張時に国際電話で重ねての要請があり、引き受けることになった。会長となった石坂は、予定の開催日に絶対に間に合わせること、事故を起こさないこと、汚職の根絶、そして赤字を出さないことの四点を強調したとされる。

石坂の一声でシンボルマークが変更されたことは、準備段階における有名なエピソードである。日本を代表するデザイナー一五人と二団体による指名コンペを経て、上部に一つの円、下部に鉄アレイのように融合した二つの円を配置するデザインが選ばれた。日本を象徴する日の丸と、東西世界や対立する人間同士が手を取り合う様子を表現したものとされた。

これを見た石坂は、日本が世界の上にあぐらをかいているようであるとクレームをつけたそうだ。インテリだけがわかる案ではなく、大衆性がなければいけないと差し替えを指示した結果、大高猛（おおたかたけし）の作品が採用される。日本を表現する円のまわりに五大陸を表す花弁を配置し、下に「EXPO'70」の文字をあしらったデザインは、桜の花を模したわかりやすさもあって、万博のシンボルとして親しまれた。

万博と芸術家①

「太陽の塔」はシンボルタワーでなくテーマ館の一部だった

シンボルゾーンの構想

「太陽の塔」は、万博のシンボルタワーではない。テーマ館の地下展示と、大屋根の上に小展開された空中展示とを連絡するエスカレーターを覆う塔屋(とうや)であった。しかしその造形が人気となり、博覧会を象徴するモニュメントとなる。

一九六七年七月四日、新聞は、大阪万博のコアとなるシンボルゾーンの基本構想がとりまとめられたことを報じた。基幹施設配置設計担当プロデューサーであった丹下健三を中心とする一四人の建築家グループが、半年間をかけて策定した案であると説明がある。他の資料では、丹下のもとに一二人の協力建築家が手がけた業務とされている。

幅一五〇メートル、長さ一キロの帯状の空間に、鉄道やバスのメインゲートから北側に、地下テーマ館、お祭り広場、人造湖、水上ステージ、水中レストラン、多目的ホールが一

当時の「太陽の塔」周辺の様子。右手に見えるのが青春の塔、左手に見えるのが母の塔〔写真提供：大阪府〕

直線に並ぶ。美術館をシンボルゾーンの東側に配置、南側には、直径三〇～四〇メートル、高さ五〇メートルの七色に変化する巨大な炎を吹き上げる「火の広場」を設ける。この広場を囲うように世界の名店街を設け、さらに軸線の南端に本部ビルとメインタワーが想定された。

実施設計とは異なる構造だが、テーマ館とお祭り広場、人造湖の上部には、上部をプラスチックで覆う大屋根を架構し、巨大な斜めの柱列で支持することが想定された。使用する鉄骨は約一万トン、延べ面積は四万五〇〇〇平方メートル、世界最大の屋根となると強調されていた。

テーマ館の部分には、直径八〇メートルの円形の穴を開ける。屋根上に空中テーマ館を設けて、「未来」のテーマ展示を行い、周囲を展望用のテラスとする。対して地下テーマ館では「過去」を、大屋根と地上との間にできる二〜三階のフロアに「現在」のテーマを展示することとした。この案が、図面や模型写真とともに日本万国博協会に報告された。

最終的に「火の広場」は実現せず、美術館の位置も大屋根の規模や構造も変更されたが、構想段階にあって、すでに前例のない空間造形が企図されていたことが確認できる。

太郎の塔

一九六七年七月七日、テーマ館のプロデューサーに岡本太郎が迎えられた。岡本は、大屋根に開けられることになっていた円形の穴から、上方に抜きん出る造形を構想する。関係者は「太郎の塔」などと呼んでいたが、のちに「太陽の塔」の名を得る。石原慎太郎の小説『太陽の季節』にある場面を想起して、小松左京が命名したとする説もある。

「太陽の塔」の内部には生物の進化を示す系統樹を立体化した「生命の樹」が起立、二九二体の造形物が配置された。最下部にはアメーバ、爬虫類(はちゅうるい)や哺乳類(ほにゅうるい)、恐竜などが枝の上に並び、最も上の枝に霊長類が位置している。これらの造作をエスカレーターから眺めながら、腕の内部を抜けて大屋根に至る。空中展示には、川添登の監修による著名な建築家が手がけた未来都市の模型などがあった。

テーマ館のガイドブックの冒頭で岡本は、「太陽の塔」はマンダラの一部を構成する「祭神」であると位置づける。

「テーマ館はＥＸＰＯ'70の中心にあって、この祭りの理念を誇らかに表現する。このパヴィリオンは閉ざされた一個の建物ではない。メインゲート正面の広場にそそり立つ〈太陽の塔〉。祭神であるこのモニュメントを核として、過去・現在・未来の三つの層が重なりあって構成する巨大な空間だ。それぞれが完結していながら、また渾然として一体をなす。とざされていると同時にひらかれている。三つの空間・時間は互いに響きあい、一つのうちに他の二者をふまえた宇宙の環だ。瞬間々々に輪廻している。マンダラなのである」

建築家の磯崎新（いそざきあらた）は、二〇〇九年になって往時を回顧した文章を新聞に寄稿し、「当時、ピカピカのモダニズムに酔っていた私たちは、太郎さんの仕掛けた『地霊のような人形』に見事、足元をさらわれた」と書いている。

万博と芸術家②

万博に現れた宇宙空間、イサム・ノグチが残した奇妙な噴水

世界的な彫刻家であるイサム・ノグチは、七〇年大阪万博の会場に、「宇宙空間の夢」と題したオブジェ噴水群（六種九基）を造作した。

「宇宙船」は、高さ三メートル、直径三メートルの半球体状の浮沈型の噴水である。黄・黒色に塗った二基のドーム状噴水器が水面に浮き上がり、また水中に没する。浮上するときは下部のノズルから、浮上後は頭部から噴射した。沈むときは多量の泡が放出された。

「星雲」は、高さ一二メートル五〇センチ、直径三メートルの青色の円筒。塔身全体に散りばめた噴霧ノズルから霧状に散水した。池面からのビーム電球群による投光が、霧のなかに浮かぶ円筒を照らし出す演出であった。

「彗星」は、池面上三三メートルの高さにアルキャストの巨大な立方体の箱を掲げる。箱の下から、一平方センチメートルあたり三キログラムの圧力でジェットノズルにより水を

強力に下へ向けて噴射した。メタルハライド灯の白い光で噴射された水を照射、水面で飛び散る水をビーム電球で水中から照らし出した。

「コロナ」は、池面上五メートルの高さにとりつけられた箱の上部から滝のように噴水、同時に下部からも下方に水を噴射した。

「惑星」は、高さ七メートル四〇センチ、幅六メートル九〇センチのドーナツ形噴水器を十字に組み、円外周上にジェットノズルと噴霧ノズルを交互に配置、全体を回転させつつ、噴霧させる作品である。赤・黄・緑色、透明フィルター付きのビーム電球を装置しており、回転に応じて異なる色を照射した。

天の池に装置された「月の石」は、直径四メートルのアルキャスト張りの球体が、静かに回転しながら水面四メートル三五センチの高さまで上下した。

各作品は水を出すことはできないが、現在も公園内にオブジェとして現存する。二〇一一年三月に大阪万博当時の塗装色に復元された。

日系アメリカ人彫刻家、イサム・ノグチによる噴水〔写真提供：大阪府〕

万博と芸術家③

彫刻でありながら楽器、誰もが触れるバシェの「音響彫刻」

鉄鋼館のホワイエには、黒や白、オレンジ色をした花びらのような彫刻が並んでいた。その前には細長い金属の棒がいくつも立てられており、花びらのような彫刻とつながっていた。まるで巨人がちぎって折り紙のように曲げた金属の板と整然と並ぶ金属の棒。一見して何を表現したものなのか、何に使うものなのかまったくわからない。

これらの彫刻は、じつは楽器であった。フランス人の彫刻家フランソワ・バシェが、音響技師である兄のベルナール・バシェとともに製作したものだ。

バシェ兄弟は一九六〇年代に「音響彫刻」を提唱した。ニューヨーク現代美術館をはじめ、パリ博物館、ベルリン美術館などで演奏をくり返していた。ほかに類を見ない珍しい音楽は世界中に影響を与えた。作曲家の武満徹(たけみつとおる)も、黒澤明の映画『どですかでん』でバシェの楽器の音を使用している。

バシェ兄弟による音響彫刻。2013年に復元された。こすると、その音が増幅され、ぐわんぐわんと音が鳴った〔写真提供：大阪府〕

武満徹は弟のフランソワ・バシェと意気投合し、いつか一緒に仕事をしようと約束していた。そんなおりに鉄鋼館の芸術監督を任された武満は、バシェ兄弟に彫刻の制作を依頼する。バシェは四か月ほど日本に滞在し、一七点の音響彫刻を完成させた。

楽器といえばその繊細さゆえに、小さな子供や他人にさわらせるのは、はばかられるイメージが強い。しかしバシェのつくり出した音響彫刻は彫刻であるがゆえに、誰もが気軽に触れられるようになっていた。

万博が終了すると、音響彫刻は解体されたが、いくつかは復元され、「ＥＸＰＯ'70パビリオン」に今でも展示されている。

万博と建築家①

一四メートルのロボット「デメ」「デク」がいるお祭り広場

日本の祭りと西洋の広場

一九六七年の元旦、「朝日新聞」に、カラーのイラストで描かれた大阪万博の基幹施設のイメージが掲載された。噴水が踊る大池のそばに、巨大な観覧席を備えた大空間があり、多くの人が輪になっている様子が見える。

大きな屋根の下、美しい噴水、動くステージ、世界の名店などがある。人々はここに集い、語り合うと説明文がある。東京大学の丹下健三とともに万博のマスタープラン作成を委ねられた京都大学教授西山夘三が作成させたものだ。

大阪万博の会場を未来都市に見立てて、そのコアに広場を設ける方向性が議論されるなか、西山が想起した「広場」に、小豆島の神社で見聞した伝統的な祭礼の場を重ね合わせ、「お祭り広場」と命名したのは上田篤である。

基幹施設配置設計担当プロデューサーとなった丹下健三は、「お祭り広場」の総合演出に関する立案を磯崎新に委ねている。一九六七年五月にとりまとめられた報告書では、ロンドン万博のクリスタルパレスやパリ万博のエッフェル塔のようなモニュメントに対して、「お祭り広場」は情報化社会を予見した「インビジブル・モニュメント」であると位置づけている。

磯崎は、一〇万人規模の観客席と可動式の屋根を設けて、水や火にまつわる世界の伝統的な催事を展開するほか、現代的な「ハプニング」を喚起するイベントも企画することを想定した。またコンピューターを媒介に人とロボットが融合する「サイバネティック・エンバイラメント」を提唱し、映写室、監視室、投光器、芳香ノズルなどを装備した高さ三〇メートルもの「万能ロボット」を三台稼働させて、人間とロボットが時空間のなかで一体化するという演出手法を提案した。

一四メートルの巨大ロボット

一九六七年七月四日、新聞はシンボルゾーンの基本構想がまとまったことを報じた。そこに「お祭り広場」も含まれている。

大屋根に覆われた「お祭り広場」では、開会式、ナショナルデー、各国のお祭りなど多彩な催し物を行う。大観覧席に囲まれた平面の床を設ける。その床に電子計算機で操作する大ロボット（可動クレーン）や四つの円盤型の移動ステージを配置。光、音、水を大々的に使った前例のない立体的な演出を行うものとされていた。また、隣接する池に水上ステージと水中レストランを設けて、シンクロナイズドスイミングなど、水を使った催事を行うものとされた。

その後、実施設計が進められるなかで、上田篤は花弁のような多角形から構成する観覧席を設計した。いっぽう磯崎は「お祭り広場」の装置を設計する。彼は、光や音、ハイテク機器で演出するアートイベントの実施を可能とするべく、高さ三〇メートルの巨大鉄骨フレーム屋根の下に七〇〇個の音響スピーカーと、三六〇度回転する照明などを設置し、当時は珍しかったコンピューターで制御するべく中央管制室を設けた。

加えて初期の構想からは規模が小さくなったが、広場内を移動する演出用装置として、高さ一四メートルの二体のロボット「デメ」と「デク」を造作した。磯崎は、彫刻や音楽、建築といったジャンルを越境して、環境やテクノロジーを志向する新たな芸術表現、いわゆる「メディア・アート」、あるいは「テクノロジー・アート」に可能性を見出していた。

お祭り広場に設置されたロボットのうちの一体「デメ」〔写真提供：大阪府〕

アートは見るものから、「体験」するものへと変わりつつあるという認識のもと、「お祭り広場」が設計されたわけだ。しかし実際には、二体のロボットが活躍する機会はまれであった。

万博と建築家②

メタボリズム思想を体現したシンボル「エキスポタワー」

大阪万博のランドマーク

大阪万博の会場の中央に、シンボルゾーンが設けられた。日本庭園のゲートを北端として、万国博美術館と万国博ホール、お祭り広場、太陽の塔を含むテーマ館、中央口が一列に並ぶ。さらに南側に軸線を伸ばすと、万国博協会ビル、さらに万博のランドマークとして建設されたエキスポタワーがそびえていた。

エキスポタワーは、鋼管を組み合わせたスペースフレームで構成された高さ一二七メートルの展望塔である。同時に、無線通信用の中継アンテナという機能を兼ねていた。空中には、大小九つの多面体のユニットがとりつけられ、それぞれ展望室や展示室、各種機械室などとして使用された。

設計は建築家の菊竹清訓（きくたけきよのり）。当初、三〇〇メートルを超す四本の支柱を組み上げる構想で

エキスポタワーは南口ゲート近くの丘の上に建てられていた〔写真提供：大阪府〕

あったが、工費が折り合わず、三本の主柱で構成されることになった。建設には、約八億円が投じられた。熟練工である鳶職（とびしょく）の生き方に焦点を当てつつ、工事の様子がＮＨＫのドキュメンタリー番組として放映された。会期中はエキスポランドの付帯施設とされ、ほかの遊戯機械とは異なり無料でのぼることができた。

エキスポタワーは、単なる展望台ではなく、ユニットを追加し組み合わせれば、空中でも生活可能な環境が生まれるという、新しい都市建築の提案であった。菊竹清訓も、建築や都市を新陳代謝を繰り返し、変化し、成長する有機体としてとらえる「メタボリズム」のグループに参画していた。複数のユニットを組み合わせ、将来的な変化に対応するとしたエキスポタワーは、メタボリズムの理論を具体化したものであった。

幻の四〇〇メートルタワー

エキスポタワーは、その初期にあっては高さ一八〇メートル程度が想定されていた。また東京タワーを超える四〇〇メートル案が出たこともある。

会場計画の最終段階にあって、会場内で最も標高が高い場所に、高さ一三〇メートルから一八〇メートルに及ぶ回転展望台付きのタワー「ランドマーク」を建設するという構想が盛り込まれた。この塔は会場内を結ぶロープウェイの支柱を兼ね、ロープウェイの乗降駅を設置することも考えられていた。さらに開会の二年前には先行して完成させて、万博開催に向けてムードを盛り上げる広告塔の役割も託されることとされた。

これを受けて、基幹施設を設計していた丹下健三のグループは、東京タワーやエッフェル塔を凌駕（りょうが）する高さ四〇〇メートルのタワーを立てる構想を示す。建設費は二八億円が見込まれた。巨大なタワーは、シンボルゾーンの中核となる大屋根と対となる存在となるはずであった。

当初のもくろみの四倍の建設費が見込まれるなか、三菱グループが費用負担を申し出た。

高さ三五〇メートルから三八〇メートルのシンボルタワーで、地上高さ一五〇メートルと二五〇メートルの位置に回転式の展望台を設けるタワーを建設し、万博終了後は三菱グループが運営することで建設費を回収すると想定した。

もっともこの計画は中止される。巨大なタワーが、伊丹空港（大阪国際空港）を使用する航空機の離着陸に支障をきたすおそれがあったからだ。また万博のランドマークが、企業の広告塔となることに大阪府知事も反対した。結果、高さ一二七メートルのエキスポタワーが建立されることになったわけだ。

万博と建築家③

黒川紀章の思想が反映された、生きているようなパビリオン

柱をもたない一〇〇〇トンの建物

アメリカ館の西側に東芝IHI館があった。直径が四〇メートルほどの赤いドームを、黒い物体が覆っている。特徴的な外見は万博会場でも話題になり、万博のゴジラだとか羽をひろげた怪鳥などと表現された。

鋼板でできた三角形の構造物を溶接でつなげたテトラユニットを、約一五〇〇個立体格子に組み上げて、一〇〇〇トンにもなる建物を一本の柱も立てずに支えた。

複雑な構造にもかかわらず、誤差五ミリ範囲内という精確さで組み上げられたこの建物は、黒川紀章による設計である。パビリオンの正面には、同様にテトラユニットを使ってつくられた五五メートルのシンボルタワーが建立された。コンピューターと最新のユニット工法技術を用いて「未来は森のようだ」という詩的な表現を形にして見せた。

東芝IHI館の外観。黒いテトラユニットが目を引く〔写真提供：大阪府〕

夜になると照明が点灯した。二〇秒間隔で明滅をくり返す様子は、呼吸しているかのように見えた。

七日で建てられるカプセル建築

「美しく生きるよろこび」がテーマのタカラビューティリオンも黒川紀章が設計したものだ。その名前のとおり美がテーマで、館内の一階「楽しい生活フロア」や二階の「未来のおしゃれフロア」には理容・美容ユニットが展示された。三階は回転ステージを備えたショーフロアで、四階は休憩スペースとなっていた。

目を引いたのがパビリオンの外観である。上下四方向にツノが伸びたような骨組み（鋼管フレーム）を、規則正しく並べる。その骨組みのなかにステ

タカラビューティリオン。鋼管とステンレスカプセルの結合により構成された〔写真提供：大阪府〕

ンレス製の正六面体状のカプセルが収まっている。フレームがあれば縦横いくらでも簡単に拡張することができる。またそこに多様な機能をもつカプセルを入れるだけで建物が完成する。黒川の建築の「新陳代謝」を強調するメタボリズム思想が強く反映されたデザインである。このパビリオンは施工にあたって、一週間しかかからないことが強調された。フレームやカプセルをあらかじめ工場でつくり、現場では組み上げるだけである。解体はもっと早く、わずか二日で終わった。

万博と建築家④

モダニズム建築の旗手前川國男の「自動車館」と「鉄鋼館」

交通ゲームが人気を集める

日本自動車工業会の自動車館を紹介しよう。円錐の先を切断した姿のパビリオンが一対となっている。一二本の鋼の柱によってつくられた円筒状のシャフトを頂点に、外周へワイヤーを伸ばし網目状に組み、下部に天幕を張った構築物である。二つのパビリオンは展示ホールと映像ホールに分かれていた。展示ホールには勅使河原宏（てしがわらひろし）の手による「エンジン楽器」というオブジェがあった。車六〇台分のスクラップを材料としたもので、エンジン音や排気音を素材にした電子音を鳴らしていた。映像ホールでは小説家安部公房（あべこうぼう）による脚本の映画『１日２４０時間』を上映した。新たに発明された薬を飲むと、動く速度が一〇倍になり一日が二四〇時間になってしまうというストーリーが展開された。

二つの建物の間には、交通ゲーム広場があった。コンピューターによって自動制御され

交通ゲーム広場の様子。ミニカーはコンピューター制御で、搭乗者は直進、左折、右折の指示が出せた〔写真提供：大阪府〕

た車に指示を出し、衝突を避けながら時間内に目的地に到着することを競うゲームを楽しむことができた。ほかの人の乗る車と衝突するような操作をしてしまうと自動的に停止させられるなど、現在、導入が進められている自動運転システムの原型のようなゲームである。クリアできると記念品がもらえたこともあって人気があった。

ホールに一〇〇八のスピーカーが

日本館の近傍にある鉄鋼館は二つのエリアで構成されていた。「ホワイエ」と名づけられたエリアは鉄筋とガラスで構成されており、外光が直接差し込む開放的なつくりであった。広く取られたスペースには、フランス人の彫刻家バシェ兄弟による「音響彫刻」を展示、ガラスのリードを水にぬらした手でこすったり、鉄の棒をたたくと花びらのような部分が振動して音を奏でることができた。

もう一つのエリアが、一辺が四〇メートルになる「スペースシアター」と呼ばれるホールである。最新技術を使って、聴覚、視覚の両面から楽しめる音楽プログラムが上演されていた。シアターには、床や壁、天井などにスピーカーが仕込まれていた。総数は一〇〇八個で、「空間そのものが楽器」と評され、最高水準の音が四方八方から鳴り響き、音に包まれる感覚が楽しめた。プログラムによっては二種類のレーザー光線によって四〇種のパターンが描きだされた。座席の下にも照明が仕込まれており、観客は自分もプログラムの一部になったかのような体験が楽しめた。

鉄鋼館。現在は大阪万博の記念館「EXPO'70パビリオン」となっている〔写真提供：大阪府〕

自動車館、鉄鋼館はどちらもモダニズム建築の旗手である前川國男（くにお）の手によるものだ。鉄鋼館は、万博終了後も残されることが決定していた。

二〇一〇年には、万博当時のさまざまな資料を展示する「EXPO'70パビリオン」としてリニューアルのうえ公開されている。

万博と建築家⑤

若い才能も登用された建築技術とデザインの実験場

万国博覧会は、ある意味で「建築の展示会」である。一八五一（嘉永四）年、世界初のロンドン博ではハイドパークの会場内に、ジョセフ・パクストンが設計した鉄とガラスで構成された展示館「水晶宮」が出現した。フランス革命一〇〇周年の節目に行われた一八八九年のパリ万博では、「決定的な特徴をもち、金属産業の独創的傑作」と評価されたエッフェル塔が建立された。コロンブスのアメリカ大陸到達から四〇〇年を記念する一八九三年のシカゴ万博では、巨大な機械式観覧車「フェリス・ホイール」が話題となる。

二〇世紀の博覧会では、新たな環境演出の提案があった。一九一五年、パナマ運河開通を祝うべく、サンフランシスコで実施された汎太平洋博覧会では、投光器を用いた夜景の演出が注目された。一九二五年にパリで開催された「現代装飾美術産業美術国際博覧会」は、アール・デコ様式の建築デザインを広く知らしめる契機となった。カナダの建国一〇〇周年を祝う一九六七年のモントリオール万博では、住宅計画が主要なテーマとなり、ユニークな集合住宅「アビタ67」が建設されている。

大阪万博の建造物群〔写真提供：大阪府〕

一九七〇年大阪万博も例外ではない。技術や工法の面では、国内初となるエアドームによる大構築物であるアメリカ館、ジャッキアップ工法を採用することで実現した大屋根などが特筆される。

未来の生活空間を提案したタカラビューティリオン、立体的な空中都市のモデルである住友童話館やエキスポタワーなど、新陳代謝を意味する「メタボリズム」の思想を具現化したパビリオンが多く実現した。社会的条件の変化に応じてカプセルやユニットを置換、可変性の高い建築を提供しようとするアイデアである。

大阪万博は、日本独自のディスプレイ業が発展する機会ともなった。各パビリオンの造形やデザインにあたって若手のクリエイターが登用され、活躍の機会を得た。

人物伝　岡本太郎――テーマ館プロデューサー

とにかくべらぼうなものを

一九六五年一〇月一五日、梅棹忠夫や小松左京、加藤秀俊が設立した任意の団体「万国博を考える会」の第一回総会において、パネルディスカッションに参加した岡本太郎は次のように発言をしている（「小松左京ライブラリ」より引用）。

「われわれが未来に向かってなにかつくり上げようとすれば、それは個人を超えたものじゃないかと直感する」

「懐古趣味的な日本ではなく、現実的な日本の、世界を超えた、高い次元のパティキュラリティというものを考えて欲しい」

「裏が見られることを嫌がったり、お体裁をつくろったり、日本にはこんなものがあるんだといばったりするのはばかばかしい」

「このひどい環境こそ、モニュメンタルなものをやるべきで、そのコントラストが珍無類だったらさらに面白いだろうと思う」

ここにあって、すでに岡本独自の万博観が提示されている。

テーマ館のプロデューサーに岡本が就任したのは、一九六七年七月七日のことだ。承諾した岡本は、おりから開催されていたモントリオール万博の会場を視察した。帰国時の記者会見において、「モントリオールのテーマ館は、苦労のあとはうかがえたが、やや説明的で、テーマ館を分散しているのも力を弱くしている感があった。万国博は人類のお祭りなのだから、日本の場合は芸術のかおりの高いものにし、また展示を集中するため、テーマ館は一か所にした方がより効果的だろう」と見聞にもとづいた感想を述べている。

岡本は「べらぼうなもの」をかたちにするべく構想を練った。結果、地下展示と空中展示を連絡する総高七〇メートルの「太陽の塔」が創作される。

就任後の公式記者会見において岡本は、高さ六〇メートルの「(仮称)生命の樹」を制作することを発表している。「太陽の塔」は樹木をモチーフとして造形されたものであり、原型製作段階では木の枝や葉が下書きされた草案もあるという。また胴体の左右に刻まれている二本の赤いジグザグは、岡本が愛読していたミルチャ・エリアーデの著作にある「シャーマンの木」の刻み目から着想を得たという説もある。

近年、耐震補強を完了し、一般公開がはじまった「太陽の塔」では、最終の造形に至るまでに岡本が旅先で描いたスケッチの類も展示されている。旧鉄鋼館を改修した「EXPO'70パビリオン」内にも、「太陽の塔」に関する展示が展開されている。

万博から生まれたもの①

日本のファストフード元年となった大阪万博

ガードマンとピクトグラムで会場運営がスムーズに

現在、私たちが日常的に利用しているものにも、大阪万博を契機に広まったものがいくつもある。

その一つがガードマンである。大阪万博の総入場数は六四〇〇万人を超えた。一日の最高記録は八三万五八三二人、一日の平均でも三五万人ほどになる。会場内の警備と案内は重要な業務となった。

抜擢されたのが民間警備会社である。協会は、開催前に二社、会期中に六社と契約した。会場周辺の交通整理と治安の確保、ＶＩＰの警護を警察が受けもち、民間警備会社を中心とした警備隊が案内整理や警備を担当した。民間警備の評判はよく、万博以降も各方面から依頼が舞い込むようになったという。

会場関係では、ピクトグラムも万博から普及した。絵文字、絵単語とも呼ばれるもので、トイレや非常口など案内する事柄をシンプルな図案にしたものだ。ピクトグラムがすぐれているのは言語がわからなくても理解できるところである。東京オリンピックでも使用されたが、デザインを一新して統一をはかり、万博後には一気に世のなかに広まっていった。

動員された警備員〔写真提供：大阪府〕

いわゆる「動く歩道」も、大阪万博での経験をもとに全国に普及した。人間が立ったままで目的地にまで移動できるよう、動くプラットフォームを設ける発想は、一八七四年にアメリカで発案された。一八九三年のシカゴ万博では、緩急二つの速度の異なるレーンが実際に稼働していた。

日本では、横浜に係留された「氷川丸（ひかわまる）」や、大阪の大西衣料の店内に、日立製のオートラインが導入された事例が早い試みである。公共空間にあっては、一九六七年、阪急梅田駅に複数の「ムービングウォーク」を設備、混雑を緩和させたことで注目された。その後、大阪万博の会場で、多くの日本人が「動く歩道」を実際に利用する。その経験が、各地での導入につながったといってよい。

手軽に食べられる、食の大革命

万博会場内には、ケンタッキーフライドチキンが実験的に出店していた。これが日本初のファストフード店である。

同年には名古屋にケンタッキーの一号店がオープンする。さらに翌年の一九七一年にはミスタードーナツ、マクドナルド、ダンキンドーナツが開店、一九七二年にはモスバーガー、一九七三年にピザハットやシェーキーズと続く。万博開催の一九七〇年が日本のファストフード元年といわれるゆえんである。

また、ロイヤル（現・ロイヤルホールディングス）は、アメリカゾーンにステーキハウスやカフェテリアを出店した。同社は翌年に、北九州市にロイヤルホスト一号店を開業させる。すかいらーく社が東京の国立（くにたち）に一号店を出店したこともあり、一九七〇年は、ファミリーレストランの元年ともなった。

缶コーヒーが爆発的に流行したのも万博が最初だった。ＵＣＣ上島珈琲の創業者である上島忠雄は、列車の停止した駅で瓶入りのコーヒーを頼んだ。列車の発車時間が来てしま

アメリカン・パーク内に出店したケンタッキーフライドチキン

ったため、飲み終わる前に瓶を売店に返すしかない。「もったいないことをした」という思いが頭から離れなかった忠雄は、缶に飲料を入れることを思いつく。これなら瓶を返す手間もなく、どこにでも気軽に持ち運べる。試行錯誤の末、一九六九年の四月、ついに世界初の缶コーヒーを完成させた。同社が大阪万博で缶コーヒーを販売したところ、入場者はもちろん、パビリオンのホステスたちにも大人気となった。

万博から生まれたもの②

いまも発展を続ける電気自動車のさきがけ

一五分でスッキリする人間洗濯機

万博で披露された技術や工夫が、私たちの生活にさまざまな恩恵をもたらしている。アメリカ館で試みられたエアドームもその一つだ。柱のない大空間を創出することが可能な空気膜構造を応用、一九八八年に東京ドームが完成している。

カプセルホテルも大阪万博にその発祥がある。第一号となったのが、大阪にあるカプセル・イン大阪である。現在でも営業を続けている同社は、一九七九年に営業を開始した。母体であるニュージャパン観光は、サウナを経営していた。当時、残業で終電をのがしてしまうサラリーマンが大勢いた。サウナの仮眠室が満員になり、ときには通路で眠る人も出るほどだった。当時の社長はこの状況をなんとかできないかと考えをめぐらせた。思い出したのが大阪万博で見かけた、黒川紀章によるタカラビューティリオンなどのカプセル建築である。同社は黒川に宿泊用のユニットの設計を依頼した。その後、普及するカプセルホテルという新業態が誕生したわけだ。

サンヨー館に展示された「ウルトラソニックバス」もユニークである。流線型の浴槽に入ると渦流が派生、体を洗ってくれる全自動バスである。マッサージボールが体にあたり、美容と健康にもよいとされた。万博当時は、水着の女性が実演したこともあり話題となり、「人間洗濯機」の通称で広まった。入浴から乾燥までわずか一五分、一般家庭には普及しなかったが、介護用として製品化された。

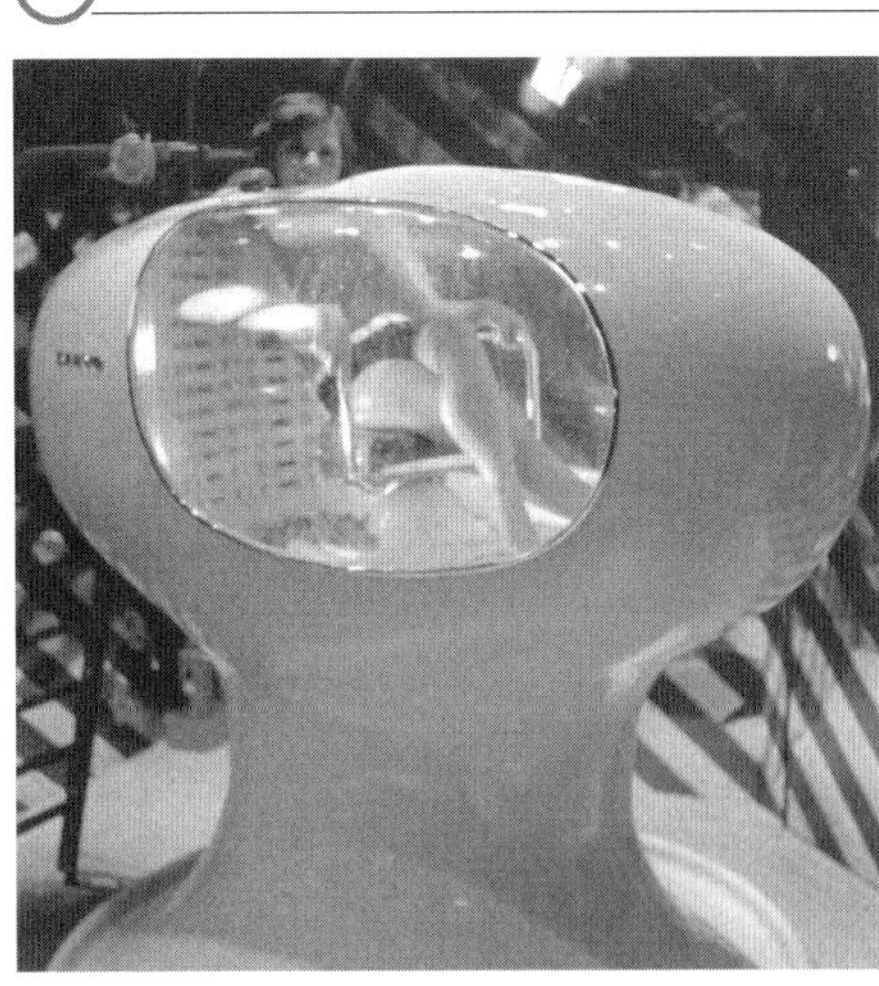
サンヨー館に展示された「ウルトラソニックバス」〔橋爪紳也コレクション〕

携帯電話の誕生

現代の情報化社会に欠かせない携帯電話も、大阪万博ですでに登場していた。

電気通信館に展示されていたワイヤレステレホン（携帯無線電話機）は「夢の電話」と呼ばれた。入館者は、自由に手にとって全国どこでも無料で通話する

電気通信館の目玉の一つとして展示されたワイヤレステレホン

エキスポタクシーとして活用された電気自動車〔写真提供：大阪府〕

ことができた。同館にはテレビ電話もあり、情報化社会の到来を感じさせた。

大阪万博では会場の運営、管理を円滑に進めるために、施設のオペレーションコントロールセンターに大がかりな情報通信システムを構築していた。会場各所にある端末設備と通信回線で結び、入場者数のチェックや駐車場への誘導、遺失物情報の管理が行われていた。迷子（まいご）の情報も扱っており、情報を検索して親子らしき人物が見つかるとテレビ電話によって確認が行われ、引き合わせる手はずとなっていた。

会場内には二〇〇台の電気自動車が用意されていた。そのうち七〇台が女性オペレーターが運転するエキスポタクシーとして活用された。車はドアのないセミオープンで六人乗り。時速六〜八キロで会場内を運行した。

万博のイベント①

タイからやってきた二〇頭のゾウたちが人気者に

万博会場では、さまざまな催事が行われた。各国のナショナルデー、州や市のスペシャルデーには、VIPが参加する式典が執り行われた。あわせて、各国の文化を紹介する催し物が企画された。

八月一二日は、タイのナショナルデーであった。これを祝いつつ、本物の象二〇頭が主役となる「象祭り」が行われた。「お祭り広場」の催事のなかでも、とりわけユニークなものとして記憶に残る。

八月三日、一六頭の象が船で神戸港に到着し、別途、四頭の子象が航空便で来日した。港に着いた象たちは、警察の先導のもと、国道一七一号線を歩いて千里丘陵の博覧会場をめざした。象の隊列を一目見ようとする市民が、沿道にあふれた。

アスファルトの道路は硬く、かつ足元がとても暑くなる。想定よりも移動に時間がかか

お祭り広場のイベントに出演するゾウたち〔写真提供：大阪府〕

ったこともあり、象たちは武庫川の河川敷で休憩をとり、水浴びをすることになった。一行はそのまま野宿することになる。万一のことに備えて、警察は徹夜で警戒にあたった。

翌四日、象たちは無事、万博会場に到着した。「象祭り」では、ひろいもの競争やかけっこ、体操などのパフォーマンスを実施し、子供たちを背に乗せるサービスもあった。なかでも喝采を浴びたのが、象と人間の綱引きである。何十人もの自衛隊員が力を合わせても、象には勝つことができなかった。

「象祭り」の期間中、象たちは会場の近くで起居していた。八月一六日、一頭が雄の子象を産んだ。「お祭り広場」にちなみ、「ヒロバ」と命名された。

万博のイベント②

美しさを競うミス・インターナショナル世界大会が万博で

「万国博ホール」や「お祭り広場」では、連日、日本や各国の祭りや文化的な行事、イベントやコンサートの類が開催された。

ホールでは、冠スポンサー方式を導入し、海外の大物アーティスト招聘（しょうへい）にも成功する。オープニングをサミー・デイヴィスJr.が飾り、その後、セルジオ・メンデス、ジルベール・ベコー、フィフス・ディメンション、アンディー・ウィリアムスなどの公演が行われた。

記憶に残る催事が、ミス・コンテンストである。五月一六日には、田宮二郎、E・H・エリック、宮崎総子（ふさこ）が司会をつとめて、「ミス・インターナショナル・ビューティー・ページェント」が華やかに開催された。各国の代表四七人が競い合った。

「ミス・インターナショナル」は、一九六〇年にアメリカのロングビーチではじまった。単に「美を競う」だけでなく、世界のミスたちが「平和と美の親善大使」として集い、交流

ミス・インターナショナル開催時の様子

を深めることを目的に掲げる。アメリカでの運営組織が財政難となったこともあり、外務省が認可する一般社団法人国際文化協会が主催者を引き受ける。万博での大会実現に向けて、直前の二年間は日本武道館で開催された。

いっぽう六月一九日には、万国博ホールで「万国博の女王選出大会」が催された。世界五一か国の代表のなかから、ミス・マレーシアの女性が「万国博の女王」に選ばれた。翌六月二〇日の夜には、「お祭り広場」で「美の祭典ミスユニバース・ショー」が行われている。この年、日本代表となった嶋田じゅんは、七月にアメリカ・マイアミビーチでの世界大会で第四位となり、また「ベスト水着賞」を獲得している。

万博閉幕

二〇〇メートルの退場パレードで一八三日続いた祭りの終わり

一九七〇年九月一三日、日本中が熱狂した祭りも最終日を迎えた。この日、各館は通常どおりオープンしたが、閉館時間はくり上げられていた。お祭り広場や万国博ホール、野外劇場などでの催し物は行われなかった。

閉会の式典には特別招待者と一般招待者を合わせて七〇〇〇人が列席した。佐藤栄作内閣総理大臣や石坂泰三万博協会会長など関係者の挨拶が続く。参加国を代表してカナダのパトリック・リードが英語、フランス語、そして日本語で「日本万国博覧会は伝統ある万博のなかで最大のものとして、永久に人々の心に残るだろう」と語った。最後に皇太子殿下のお言葉を賜ると自衛隊の祝砲がとどろいた。

参加国の旗とともにＢＩＥ（博覧会国際事務局）の旗も同時に降ろされ、石坂会長からシャロンＢＩＥ代表へと手渡された。旗は次のフィラデルフィア万博へと引き継がれる。ふ

閉会式の最後には「蛍の光」が流れ、太陽の塔の灯が消された
〔写真提供：大阪府〕

たたび祝砲が響く。

厳かな式は一転、盛大な祝典へと変貌する。宝塚音楽学校の生徒が五色の布を翻し花吹雪を撒きながら入場すると、各館ホステスや陸上自衛隊音楽隊や少年音楽隊、吹奏楽団などが続いた。この祭りはいつまでも終わらないとでもいうように、皆が明るく精いっぱいの笑顔を見せていた。

やがて「蛍の光」が流れると、二二〇〇メートルにもなるパレードへと移行した。ホステスたちは笑顔で手を振り、紙吹雪やカーネーションの花を観客席に投げながら退場していく。涙を浮かべている者も少なくはなかった。午前一一時、無事に閉会式は終了した。上空には航空自衛隊によるサヨナラの四文字が描かれていた。

第四章

継承される万博のレガシー

万博後の大阪イベント史　一九七一年〜

一九七二年

跡地にできたエキスポランドとエキスポシティ

一九七〇年の大阪万博では、当初から娯楽施設を併設することが計画された。「こどもの国　エキスポランド」である。

面積は約一七万二五〇〇平方メートル。当初、阪急電鉄などを中心に計画されたが、実施段階になって泉陽興業が参画する。「人間自身のくに」「風と水の広場」「思い出の森」など六つの地区に多数の遊戯機械や遊具が配置された。

自由に落書きができるコーナーなど、無料の遊戯施設にも面白いアイデアがあった。またペプシ館、フジパン・ロボット館などはこのエリアにあった。万国博のシンボルタワーであるエキスポタワーも、隣接する高台に建設された。

エキスポランドは家族連れでにぎわい、会期中に約二六〇〇万人が訪問した。人気を集めたのが「ダイダラザウルス」と呼ばれたジェットコースターである。五本の総延長も異

エキスポランドのジェットコースター

なる軌道に、それぞれに速度が異なる五種類のライドが走る。いっせいにスタートののち、まったく異なるルートを疾走し、時ときに並走、ときに反対側から近づきながら、最終的に同時に到着するという趣向であった。ただ会期中に事故もあった。七月一五日に、走行中のダイダラザウルス二号機から車輪が一つはずれ、約一六メートルの高さから地上に落下した。

博覧会終了後、一九七二年三月に遊園地は再開する。初日の来園者は約三万人を数えた。各種の絶叫マシンを集め、納涼のお化け屋敷なども人気を集めたが、二〇〇七年に起きた死亡事故を契機に閉園に至る。跡地には現在、「エキスポシティ」が営業している。

一九八三年

参列・観客とも日本最大級となった大阪城築城400年まつり

一九八三年一〇月一日から一一月三〇日まで、大阪城を会場に「大阪築城400年まつり（別称は大阪城博覧会）」が実施された。西の丸庭園や太陽の広場など、公園一帯を会場として、各種のパビリオンが仮設された。なかでも「特別展示・中国秦・兵馬俑展」が話題になった。イベントに合わせて、JR大阪環状線に「大阪城公園前駅」が新設された。

イベントは「大阪21世紀計画」のスタートを祝う目的も兼ねていた。大阪城ホールで開催された開幕式には、皇太子夫妻（現在の今上天皇皇后両陛下）の臨席をいただき、初代会長となった松下幸之助が、九〇〇〇人もの参列者を前に「大阪21世紀計画」の開幕を高らかに宣言した。一連の事業のオープニングを飾るべく、第一回の「御堂筋パレード」が実施された。フロート（花車）やマーチングバンド・鼓笛隊、世界各国の祭り・踊り、子どもみこし、民謡などの隊列が、メインストリートである御堂筋を歩いた。

大阪城博覧会のアーチがかけられた大手門口

午前一一時に大阪市役所前でスタートした際には、五〇〇〇個の風船が空に放たれた。ゴールである難波高島屋前まで、三・三キロメートルの距離がある。このときの参加者は、一一〇チーム、一万五〇〇〇人。沿道の観客は約一三〇万人と発表された。日本最大規模のパレードとなった。

翌年には「はばたこう！ 世紀の空へ」をテーマに第二回が開催。以後、昭和天皇が闘病されていた際の自粛を除き、御堂筋完成七〇周年記念を祝う二〇〇七年まで、二五回を重ねた。

国際色豊かな「御堂筋パレード」は、メインストリートを「広場」に転じさせる試みである。大阪万博における「お祭り広場」のにぎわいを継承、市街地で再現するべく企画されたものであった。

一九九〇年

園芸博と国際博が融合した二度目の万博「国際花と緑の博覧会」

残土の山を利活用した会場計画

一九九〇年四月一日から九月末まで、鶴見緑地を会場に「国際花と緑の博覧会（略称は花の万博、ＥＸＰＯ'90、通称は花博（はなはく））」が開催された。大阪市制一〇〇周年記念事業として計画されたのち、博覧会国際事務局が定めた特別博覧会と、ＡＩＰＨ（国際園芸家協会）が認定する国際園芸博覧会のアジア初開催を兼ねるイベントとして位置づけられた。

大阪では二度目となる国際博覧会である。作家・小松左京がプロデューサーを担った。テーマは〝花と緑と人間生活〟。世界から八三か国、五五の国際機関と二一二の団体が参加し、期間中に二三一二万六九三四人が入場した。華やかなイベントであったが、開幕から二日目にウォーターライドが転落落下事故を起こしたことも記憶に残る。

会場となった鶴見緑地の一帯は、古くは河内湾にあたり、水田やレンコン畑として利用

中央ゲート

されていた。過密化する都市にあって緑地の必要が議論され、一九四一年、公園として整備することが都市計画決定された。用地買収が進むなか、戦時下には防空緑地となり、高射砲陣地として利用された。

一九六〇年代になると、公園の整備が進捗すると同時に、工事によって掘り出される土砂の処分地になる。とりわけ一九七〇年大阪万博の開催をめざして、地下鉄網が急ぎ整備された時期には大量の土が持ち込まれた。盛り土がなされて造成された鶴見新山は、当初は四〇メートルを超す標高があった。その後、市民園芸村、大芝生、乗馬苑、老人の森、子どもの森、青少年の森、世界の森などが順次、整備されていく。

万博の誘致に成功したことで、一四〇ヘクタ

野原のエリアの「花の谷」と「いのちの塔」（中央奥）

ールの緑地全体がイベント会場となった。場内は「街のエリア」、池を中心とした「野原のエリア」、緑の豊かな「山のエリア」から構成され、都市的な景観から順次、自然の景観に移るべく工夫がなされた。都心からのアクセス手段として、リニアモーターで運行する大阪市営地下鉄（現・大阪メトロ）鶴見緑地線が建設された。

緑の大切さを訴求

会場には、花や緑化に関連するパビリオンや庭園が設けられた。「政府苑」（敷地三万五〇〇〇平方メートル）では、世界一大きな花ラフレシアと屋久杉の巨大な根株が目玉となった。大阪市は巨大な温室を中核とする「咲くやこの花館」を出展した。屋外には、各国の伝統的な作庭技法を見せる「国際庭園」などがあった。

民間出展のなかで異彩を放ったのが「ゴールデンベルパビリオン」である。「グリーンコミュニケーション」を主題に、オーガスタナショナルゴルフクラブの一二番ホール（一五五ヤード・パー3）を、指導を受けつつ再現したものだ。世界四大トーナメントであるマスターズの開催地でもあり、世界的にもその美しさで知られるホールでのゴルフを、大阪で実際に体験できるという趣向である。

パビリオンの名称は、一二番ホールの愛称である「ゴールデンベル（レンギョウの花）」にちなむ。出展委員会は、江崎グリコ、サッポロビール、三洋電機、ダンロップ、椿本チエイン、東洋不動産、鹿島建設などの企業で構成された。多くの人がホールインワンに挑戦したが、花博期間中の成功者は一名のみであったという。

移動遊園地をモデルとする遊園地「マジカルクロス」も人気を集めた。欧州の祭りの雰囲気を再現する「キルメス・ゾーン」、世界初のスタンディングコースターである「風神雷神」などが注目された。

二〇一八年

太陽の塔の内部一般公開がスタート

太陽の塔リボーン

二〇一八年三月一九日から、大阪万博のシンボルである「太陽の塔」の一般公開がはじまった。前日のテープカットの際には、「太陽の塔」の前で、DREAMS COME TRUEのライブも実施された。

「太陽の塔」は、二〇〇三年一一月から一九七〇名限定で公開された先例と、後述する耐震工事が着手される直前に行われた内覧会などを除くと、老朽化・安全対策の観点から原則非公開とされていた。しかし二〇一六年一〇月から進められた耐震補強と展示空間の復元工事の完了を受けて、公開されることになった。あわせて、万博後に行方不明になった「第四の太陽＝地底の太陽」も復元された。

ちなみに入場料金は大人七二〇円、小中学生三一〇円（別途、万博記念公園自然文化園の入園料が必要）、かつ完全予約制となる。また安全面の配慮から、一時間あたりの見学者の人数制限が行われることになった。条件付きの公開だが、約半世紀ぶりに内部に入り、感慨にふける人も多くいるだろう。

大阪万博のレガシー

大阪万博が開幕したのち、各展示館は解体され、その瓦礫（がれき）は日本万国博覧会記念公園の整備に応じて埋められた。あわせて、かつてその地にあったパビリオン名を刻むプレートが用意された。

いっぽうで万国博美術館、万国博ホール、日本庭園、日本民芸館、鉄鋼館など、当初からイベント後も継続して使用することを想定して建設された施設やパビリオンがあった。このうち万国博美術館、万国博ホールはすでに解体されている。日本館も利活用が模索されたが、結局、除去された。いっぽう四日市港に移設されたオーストラリア館、愛知県青少年公園で再現されたフジパン・ロボット館など、各地に移築された展示館もあるが、その多くが現存していない。「太陽の塔」を含むテーマ館は、「万博公園跡地利用懇談会」にあって、解体する方向性が示された。新聞報道を見て、ある学生が反対意見の手紙を送ったことなどがメディアに報じられた。撤去反対署名運動もあって、一九七五年になって「太陽の塔」の永久保存が決定する。ただ大屋根と「母の塔」は一九七八年に撤去され、「青春の塔」はエキスポランドに移設されたが、のちに解体されている。

1970年当時の「生命の樹」
〔写真提供：大阪府〕

その後、「太陽の塔」は、一九九〇年代に大規模な改修がなされた。傷んだタイルを補修し、老朽化していた「黄金の顔」は新しいものに取り替えられた。博覧会の期間中、両目から空中に帯状の光が照射されていたが、長らく消えたままになっていた。二〇〇四年に、愛・地球博の応援を理由に一時的に再点灯し、大阪万博から四〇年の節目となる二〇一〇年にＬＥＤ電灯が装備され、毎晩の投光が可能になった。

近年、浦沢直樹の漫画『20世紀少年』、アニメ映画『クレヨンしんちゃん　嵐を呼ぶモーレツ！オトナ帝国の逆襲』など、大阪万博で提示された未来への懐かしさを題材とする作品が人気を呼んだ。一九七〇年代へのノスタルジーを、「太陽の塔」は喚起する。鉄鋼館を転用した「ＥＸＰＯ'70パビリオン」とともに、大阪万博のレガシーとして、千里の地に起立しつづけることだろう。

終章

二〇二五年日本国際博覧会へ

未来をデザインするその構想と計画

はじめに――二〇二五年国際博覧会の日本誘致

二〇二五年国際博覧会の日本誘致に成功した。二〇二五年における国際博覧会開催に関しては、フランス政府が先行して、パリ近郊を会場とする計画をとりまとめ立候補を行った。同じ年次での開催を希望する国は、一国が立候補してから六か月以内に申請をすることと定められていたことから、フランスの動向を鑑みつつ、各国は構想をとりまとめることが求められた。

しかしパリ市が二〇二四年のオリンピック開催招致に成功したこともあり、フランス政府は誘致を断念する。二〇二五年における国際博覧会に関しては、二〇一八年一一月二三日午後（現地時間）、パリで開催された博覧会国際事務局（ＢＩＥ）総会において、日本、ロシア、アゼルバイジャンの三か国を候補として、加盟国による投票が実施された。第一回投票では、日本が八五票と過半数を獲得、ロシアは四八票、アゼルバイジャンは二三票を得た。上位二か国による決選投票では、日本が九二票に票を伸ばし、ロシアは六一票にとどまった。これによって二〇二五年国際博覧会の開催に向けて、日本は具体的な計画立案に着手することが可能になった。

「国際博覧会（Universal Exposition）」を、日本では「万国博覧会」、略して「万国博」「万博」

などと呼ぶ。条約にもとづいて、実施される国家プロジェクトであり、オリンピックのように「都市」が主催するイベントとは異なる。誘致に成功した二〇二五年の国際博覧会は、正式には「二〇二五年日本国際博覧会」と称し、愛称として「大阪・関西万博」という呼び名が用いられることになった。大阪だけではなく、関西を挙げて取り組むべき国家事業という意味合いが託されている。

日本誘致に成功した背景として、国と地方行政、経済界が一致して展開した運動が功を奏したことを指摘することができる。しかし選ばれた理由はそれだけではない。加えて、ひとりひとりが生命を充足する未来社会を実現したいとするテーマ設定、多様性を可視化する会場計画、社会実験を多彩に展開しようとするコンセプトが評価を得たと考えられる。また国連が定めたＳＤＧｓ（持続可能な開発目標）、すなわち持続可能な開発に向けた国際的な目標の達成に貢献することを訴え、企業が各国との共創（Co-creation）を重ねて尽力するという姿勢が強調された。ただこの点に関しては、他の立候補国も同様の主張を盛り込んだ結果、日本の優位性は際立ったわけではない。

加えて、実績への信頼もあったと思われる。日本は一九七〇年にアジア初の日本万国博覧会、いわゆる大阪万博を成功させた。その後、沖縄海洋博覧会（一九七五年）、筑波の国際科学技術博覧会（一九八五年）、鶴見緑地での国際花と緑の博覧会（一九九〇年）と三度の特別博覧会を開催する。さらに二〇〇五年には登録博（国際特別博）の枠組みで、「日本国際博覧会（愛・地球博）」を実施している。対してライバルの各国は、これまで国際博覧会を開催した経験がない。

また、大阪および関西が開催地としてふさわしい都市であると訴求することも、誘致活動のうえで重視された。地域が有する歴史性、文化の豊かさ、さらには若者や女性、さらには外国人にも、十分に活動の機会を提供するダイバシティー（多様性）に富んだ圏域であることが強調された。

二〇二五年の国際博覧会計画に関しては、私は二〇一四年度末以降、大阪府特別顧問として大阪府の基本構想策定のとりまとめ方針の検討段階から関与してきた。その後、経済産業省による立案にも委員として参画、特に会場計画に関しては専門家としてアドバイスをする立場にあった。誘致に成功して以降は、具体化に向けた検討に参加した。

以下では、二〇二五年日本国際博覧会に関して、二〇一五年から開始された大阪府案の検討、その後、立候補申請書に記載された初期構想案について、とりまとめの過程も含めて、私が強調した独自の視点なども指摘しつつ、その概要を述べておきたい。

人類の健康・長寿への挑戦――二〇二五年日本万国博覧会基本構想案

二〇二五年日本国際博覧会の構想は、政府に提案する大阪府案をとりまとめる作業が先行した。

大阪府は、二〇一五年四月に「国際博覧会大阪誘致構想検討会」を、ついで二〇一六年六月に「二〇二五年万博基本構想検討会議」を立ち上げた。私は前者の委員長、後者では副座長、および会場構想を取りまとめる作業を担う部会長として専門家の立場から関与した。

この段階では、二〇世紀型の大量動員型の巨大イベントは不要であると否定的な意見を寄せる有識者や経済人も多くあった。その背景には、国際博覧会の目的と意義が、二一世紀にあって、従前から改められていることが認知されていなかったという事情がある。

一九九四年六月、第一一五回博覧会国際事務局（BIE）の総会における決議によって、「人類の知識の向上および相互理解並びに国際協力への貢献」を国際博覧会の本質的な目的と再定義、加えて「諸民族、諸国家の文化的なアイデンティティに対する理解を深めること、既に達成された進歩および未来への展望を一般大衆へ周知すること」が目標として定められた。またすべての博覧会は「現代社会の要請に応えられる今日的なテーマ」が必要とされた。

決議を受けて、新しい博覧会の具体化に向けた試みがなされてきた。実際、二〇〇五年の「愛・地球博」を端緒として、二一世紀になって各国で実施された国際博覧会は、環境、河川、都市、海洋、食料、エネルギーなど各国が直面している課題の解決を主題に掲げてきた。

「二〇二五年万博基本構想検討会議」の初回にあって、二一世紀の健康の問題が「個人の問題」を超えた「人類社会全体の課題」であることに加えて、高齢化の波が今後発展途上国にも波及することを指摘、その解決のために「社会を変容させる〝新しい国際博覧会〟」が必要であり、長寿社会を他国にさきがけて経験する日本のなかでも「ライフサイエンス分野のネットワークや幅広い中小企業の高い技術力を有する大阪」が開催地にふさわしいとする知事の「問題意識」が示された。

私はこの会議にあって、博覧会を「祝祭の場」と位置づけつつ、開催を目的とするのではなく、将来あるべき目的を据えつつ博覧会を手段と考えるイベント・オリエンティド・ポリシーの発想の重要性、科学技術や産業振興の観点から新しい長寿健康社会のモデルを示すことの意義、跡地利用も想定しつつ半年間の仮設都市の設計を行うべきという主張を行った。

その後、議論を経て、二〇一六年一一月、「人類の健康・長寿への挑戦」をテーマに掲げ、夢洲(ゆめしま)を会場とする「『二〇二五日本万国博覧会』基本構想（府案）」が取りまとめられた。

いのち輝く未来社会のデザイン――二〇二五年国際博覧会検討会案

大阪府案を受けて二〇一六年一二月、経済産業省は、経済界代表や各界の有識者、地方自治体の代表者等で構成される「二〇二五年国際博覧会検討会」（古賀信行座長）を設置した。二〇二五年国際博覧会の開催国に立候補するかどうかを判断するうえで必要な事項について議論を重ねた。二〇一七年四月七日、二〇二五年国際博覧会の基本的な方向性を示しつつ、「速やかに立候補することを期待する」という趣旨の報告書を取りまとめた。

報告書では、テーマを「いのち輝く未来社会のデザイン」とした。大阪府案で示された「人類の健康・長寿への挑戦」というテーマを尊重しつつ、変更がなされたものである。背景には、日本では平均寿命が一〇〇歳となる時代が到来すると喧伝されているが、世界に目を向けると、紛争、病気、水の衛生状態など、まだまだ長寿社会という概念にリアリティのない国々もあるといった指摘がなされていたことがある。そこで「健康」「長寿」ではなく、さまざまな「いのち」が充足し、輝くことを理想として掲げるテーマ案が提案されることになったと推察できる。

いっぽうで「未来社会のデザイン」という概念が加味された。その背景には、わが国では官民挙げて「Society 5.0」（狩猟・農耕・工業・情報社会に続く新たな社会）の実現に向けた活動を推進しており、とりわけライフサイエンスや医療、ＩｏＴ（モノのインターネット）やＡＩ（人工知能）などに関わる先端技術は、世界が直面している課題の解決に有効であるという認識があった。博覧会が新たなアイデアや技術を実装する「未来社会の実験場」としてデザインされ、イノベーションを加速させる好機となることが期待された。

報告書は、万博の概要を次のように示した。「基本理念」としては、万博を「好奇心を刺激することで、一人一人がポテンシャルを発揮しながら真の豊かさを感じられる生き方、それを可能にする経済・社会の未来像を参加者全員で共創する場」とするものとした。人類が直面する災害・食料不足・病気・暴力などの生存リスク、グローバル化や情報化に伴う競争激化・格差・対立、ＡＩやバイオテクノロジーなどの技術の発展などの事象が、人類に「幸福な生き方」とは何かを問いかけているという認識が前提となる。

「実施の方向性」では、「皆で世界を動かす万博」という考えのもと、事業を展開することとした。また世界中の人々の好奇心を刺激し魅了する「常識を超えた万博」をめざすものとした。あわせて「誰もが参画しやすい万博」を実現することをうたった。さらには万博を一時的なイベントにとどめず、成果を後世に残すことの意義も強調された。

会場は大阪の夢洲(ゆめしま)地区、開催期間は二〇二五年五月三日から一一月三日までの一八五日（「登録申請書」において四月一三日から一〇月一三日の一八四日に変更）、入場者は約二八〇〇万人と想定した。会場建設費は約一二五〇億円、経済波及効果の試算では、建設費関連約〇・四兆円、運営費関連約〇・四兆円、消費支出関連約一・一兆円などが見込まれるものとした。会場の選定に関しては、「未来社会を考える上で鍵となる要素（科学・技術力、利他精神、アニメ等の文化）が揃っている」「アクセス等の利便性や治安が世界最高レベル」「参加主体が自由に発想を発信しやすい場を提供」「自然災害を乗り越え、自然と共生した持続可能な社会を提示できる」という四点を示しつつ、大阪が開催地にふさわしいと強調された。

従来にない国際博覧会を実現させるべきという考えから、「皆で世界を動かす万博」「常識を超えた万博」「誰もが参画しやすい万博」がキーワードとされた。検討の課程では、来場者が疲れず、むしろ元気になる「待ち時間のない万博」をめざすべきだといった意見も交わされた。この報告をもとに、ＢＩＥに提出する「ビッド・ドシエ（立候補申請文書）」を取りまとめる作業が進められることになる。

People's Living Lab――立候補申請文書とコンセプト

二〇一七年の四月一一日、二〇二五年に開催される国際博覧会に日本が立候補することに関して、閣議了解がなされた。九月二八日までに博覧会国際事務局（BIE）にに「ビッド・ドシエ（立候補申請文書）」を提出することが求められた。

経済産業省において、申請文書作成の作業がはじまった。私は専門家として、おもに会場計画にアドバイスする立場にあった。もちろん基本構想と会場計画は一体のものであり、相互に連携しながら作業が進められた。

「立候補申請文書」では、先の報告書を受けて、国際博のテーマを「いのち輝く未来社会のデザイン（Designing Future Society for Our Lives）」とした。すべての「人」（human lives）に焦点をあてつつ、個々がポテンシャルを発揮できる生き方と、それを支える社会の在り方を議論するものとした。

コンセプトは「未来社会の実験場（People's Living Lab）」と定められた。博覧会場は、毎日、数十万人が集まる「仮設の都市」であり、期間を限って運用される「実験都市」である。

会場では、ハード、ソフトの双方で、汎用性をもっていない新技術や最先端のシステムが試行されることになる。その成果を生かして、さらに新たなアイデアが続々と生み出され、社会実装に向けて試行されることになることが期待される。そのためにも国内外の新たな人材を登用、イノベーションの創出に向けた工夫を凝らすことが重要になる。

わが国が官民挙げて推進している「Society 5.0」で、その可能性が議論されている未来社会のモデルを博覧会場において提示しようという考え方である。そこで重ねられであろう実証実験をふまえて、社会に実装していこうとする考えが背景にある。あわせて国連が掲げる二〇三〇年のＳＤＧｓの達成に貢献することが強調された。方法としては、途上国を含めた多くの参加国と共に創る万博とすることが重要とされ、「共創（Co-creation）」という概念が提示された。

「二〇二五年大阪・関西万博」の「立候補申請文書」では、博覧会の開催前にも、さまざまなプログラムを展開することが強調された。博覧会期間中は、世界中のすべての人が、ネットなどを媒介としてバーチャルな会場にアクセス可能な環境を用意することで、「次世代型の博覧会」のモデルを世界に提示することが可能となる。それを具現化するためにも、開催前から世界中の課題やソリューションを共有することができるオンラインプラットフォームを立ち上げることが想定された。

また「立候補申請文書」では、「いのち輝く未来社会のデザイン」というテーマをわかりやすく伝えるべく、「フォーカスエリア」が設定された。すなわち「救う（Saving Lives）」「力を与える（Empowering Lives）」「つなぐ（Connecting Lives）」の三領域である。

「救う」の領域では、新生児への生命を護る試み、感染症の予防や治療、食生活や運動によるライフスタイルの改善、健康寿命の延長に資する試みなどが例示された。

「力を与える」の領域では、教育や労働の現場、コミュニティへの参画を容易にするＡＩやロボットなどのテクノロジーの進歩によって、さまざまな人たちが健康で過ごせる社会が想定された。

「つなぐ」の領域では、異文化理解の促進や、さまざまなステークホルダーによるイノベーションの創出を具現化するものとした。

「いのち輝く未来社会のデザイン」というテーマから各国が想起する内容、関心の対象はさまざまである。「フォーカスエリア」という枠組みを示したことで、どの領域が自国にあって意義のあるものなのかと、考えを進めることができる。経済成長の途上にあり、環境の改善や医療の充実が重要な国々にとっては、なによりも「救う」という枠組みが重要と

図1　夢洲の俯瞰イメージ〔提供：経済産業省〕

なる。テーマに込めたメッセージを補完しつつ、具体的なイメージを共有するうえで、「フォーカスエリア」という説明は有効であった。のちに「登録申請書」をまとめる段階で、この「フォーカスエリア」の考えがサブテーマと位置づけられる。

「空」――立候補申請文書と会場計画

「立候補申請文書」に記載された会場計画の概要を紹介しておきたい。会場として大阪のウォーターフロントに位置する人工島・夢洲内に一五五ヘクタールの用地を確保、中心部にパビリオン群を配置、南側水面に水上施設、西側の緑地にアウトドア施設を整備するものとした（図1）。

会場計画にも「いのち輝く未来社会のデザイン」というテーマが展開される。従来の万博で採用されたような、欧州やアフリカ、アジア、米州と、地域ごとに展示スペースのゾーニングをはかる計画論を排除、あえて巨大な中心を持たない「離散型」

のプランとした点が最大の特徴である。

パビリオンやパブリックスペースなど、必要とされる施設の面積を元にプログラミングによって敷地形状を決定、多様な多角形が網のように配置される「ボロノイパターン」を用いた独特の会場計画が提案された。結果、人々の多様性から生じる調和を尊重し、共創によって形成される未来社会の姿を、空間デザインとして表現する意欲的な造形となった。多くの核を持つ造形は、合理的に処理されているにもかかわらず、自然発生的にも見える。植物の細胞のように美しいという評価もある。

ここで、会場となる夢洲(ゆめしま)について、少し述べておきたい。夢洲(ゆめしま)は、大阪市の港湾計画においては北港の一部であり、一九七七年に埋め立ての免許を取得している。埋め立て工事がすべて完了すれば、総面積は三九〇ヘクタールに及ぶ。

一九八八年に策定された「テクノポート大阪計画」にあっては、「新都心」とすることが定められた。夢洲(ゆめしま)という名称は、隣接する咲洲(さきしま)、舞洲(まいしま)とともに公募によって定められた。幻に終わった「大阪オリンピック」の招致計画では、選手村として整備することが想定されていた。

夢洲(ゆめしま)では一九九一年に土地造成事業を開始する。先に埋め立てが完了した東側の区画では、高規格コンテナターミナルの整備が進められた。大阪港の主要航路に面しており、また二〇〇四年七月には「構造改革港湾」として大阪港を含む阪神港がスーパー中枢港湾の指定されたことを受けて、整備が進められた。

アクセスとして、二〇〇二年に舞洲と連絡する夢舞大橋が竣工、さらに二〇〇九年には咲洲とを結ぶ夢咲トンネルが開通している。また西側の区画は廃棄物の処分地となっている。埋め立てが完了した一部は、民間に貸与してメガソーラー施設が設置されている。

二〇一八年八月、私がアドバイザーとなり、大阪市は「夢洲まちづくり構想」をとりまとめる。ここにおいて国際物流拠点に加えて、国際観光拠点という役割が託されることになる。構想の立案に際しては、私も大阪市特別顧問として事務局の作業に協力、国際的な集客の中核地とすることなどを提言した。

構想では「SMART RESORT CITY　夢と創造に出会える未来都市」をコンセプトに、導入するべき機能として「JAPAN ENTERTAINMENT」「BUSINESS MODEL SHOWCASE」「ACTIVE LIFE CREATION」という三項を定めた。

このうち「JAPAN ENTERTAINMENT」という枠組みのもとでは、大阪や関西、ひいては日本観光の要となる「独創性に富む国際的エンターテイメント拠点」を形成、関西各地の観光地との連携をはかりつつ、大阪湾ベイエリア全体の魅力を高め、国際競争力を強化することが想定されている。

また「BUSINESS MODEL SHOWCASE」では、新しいビジネスにつながる技術やノウハウを世界第一級のMICE（国際会議場や展示場など多機能を備えた複合施設）拠点を中心にショーケース化し、国内外に発信することがうたわれている。

さらに「ACTIVE LIFE CREATION」では、「生活の質（ＱＯＬ）」を高める技術の創出や質の高い空間・サービスを体感できる滞在環境を用意するものとした。都市的な利用と港湾機能を棲み分ける土地利用に変更することで、万博会場の用地を確保するうえでの前提条件が整理されたかたちだ。

会場計画策定に関して助言を行うなかで、特に強調したことがいくつかある。ひとつはリアルな博覧会と、バーチャルな博覧会とを重層的に展開しつつ、双方を融合させる新しい博覧会の姿を提案するために「広場」が必要であると考えた。一九七〇年大阪万博のシンボルゾーンの中心にあった「お祭り広場」を発展させようと考え、「離散型」の会場全体のシンボル空間となるように五か所の大広場を設置するものとした。日本的な空間概念を意識しつつ、「空（くう）」と命名された。

図2　「空」のイメージ〔提供：経済産業省〕

大広場では、AR（拡張現実）・MR（複合現実）技術を活用しながら、さまざまなイベントが展開されることになる。広場は、大通りで連絡される。来場者が快適に過ごすことができるように、歩行者空間には水路や緑の並木を整え、広場と主要な街路のネットワークの全体に大屋根をかけることとした（図2）。

私は機会があるごとに、「カラッポの空間」である「空」をあえて設けることの意義を日本における都市の本質として強調、加えて西方を意識しつつ、夕陽の光景や夜景の美しさをランドスケープとして活用することの重要性を主張した。会場となる夢洲（ゆめしま）は、四天王寺西門から真西の軸線上にある。古来、四天王寺の西門にある石鳥居は、極楽の東門にあたると信じられていた。現在も春と秋の彼岸の中日には、

図3　夕景と水面を利活用した夜間催事のイメージ〔提供：経済産業省〕

石鳥居の彼方に沈む夕陽を拝して、浄土を観想する行事「日想観」が行われている。上町台地には夕陽丘の地名があり、埋立地である舞洲には新夕陽ケ丘が整備された。宗教的な意味にとどまらず、大阪湾や六甲に落ちる夕日は大阪にとって重要な意味合いを持つ「文化的な景観」である（図3）。

さらに、夕陽の景観にとどまらず、大阪という商業都市にあって西という方位の意義を説いた。大阪は港湾都市として発展した。シルクロードを媒介として世界と交流、また遣隋使や遣唐使を見送った難波津の時代、南蛮貿易を盛んに行った中世にあっては堺が重要な拠点港となる。さらに港湾の近代化促進した結果、大阪商船が世界各地と大阪港を連絡することになる。どの時代にあっても、大阪は西に船を送り世界と連携を行うことで、世界との貿易や交流を盛んに行った。

万博会場は、市民の意識のうえでも、世界に開かれたゲートであるべきだと考える。市街地の西方にあって、海に臨んで開かれた夢洲（ゆめしま）の会場そのものが、その役割を担っていると考えるゆえんである。

二〇二五年日本国際博覧会（大阪・関西万博）の具体化に向けて

二〇二五年日本国際博覧会の事業計画は、今後、具体化されることになるが、この文章を執筆している二〇一九年一二月段階における見通しと、若干の私見を述べて、本章の結びとしたい。

二〇二五年日本国際博覧会では、会場の計画や運営にあっても、次世代の技術が実装されることになるだろう。演出にあっては、従来にない夜間景観も重要である。水面を残した南側の区画などでも、噴水やライティングを活用した最新のエンターテイメントなど、さまざまな楽しみが提供されることになるだろう。

会場内で提供される経験も、これまでとは異なるものとなる。従来のイベントは、誰もが同じ情報を受ける場であった。しかし二〇二五年の万博では、最新技術を応用することで、二八〇〇万人と想定される入場者が、二八〇〇万通りの体験を可能とするプログラミングが用意されることになるはずだ。

会場の警備や案内にも、ロボットやＡＩが応用されることになるだろう。誘致段階のプレゼンテーションで用いられた映像では、会場になった迷子を顔認証で識別するロボットが登場、探している親のもとに連れていく様子がＣＧで描かれていた。

課題とされるのが、会場へのアクセス手段である。計画段階では、会場となる夢洲までの大阪メトロ中央線の延伸と、此花大橋および夢舞大橋道路の拡幅が想定されている。さらに会期中の一時的な輸送需要の増加に対応するため、大阪市内主要駅や会場外に用意された駐車場からのシャトルバスの運行が不可欠になると思われる。加えて自動走行システム導入による道路の有効活用、開催期間の時差通勤、徒歩・自転車によるアクセスなどが検討課題となっている。

また海上アクセスや、ヘリコプター航空アクセスの導入も必要だろう。咲洲、舞洲のほか、より都心に近い港からのからのシャトルシップのほか、関空、神戸など近隣からの舟運も事業化されることになるだろう。さらにいえば夢洲の船着き場の整備、また船着場からゲートへの島内の移動手段も検討されなければならない。

上海万博では、団体がバスを利用する場合、市内の乗り場で博覧会の入場券を確認、セキュリティチェックを済ませたうえで、会場内にまで優先的にバスで入ることができる例があった。混雑緩和に向けて、さまざまな知恵の出しどころであると考える。

二〇一九年に入って、二〇二五年日本国際博覧会（大阪・関西万博）は「誘致」から「準備」の段階に移行した。二〇一九年一月、実施主体となる二〇二五年日本国際博覧会協会が設立された。

計画の具体化に向けた作業もはじまり、専門家からなる具体化に関するワーキング委員会を設置、多数の有識者を対象にヒアリングを重ねた。私はこのワーキングにあって、全体を取りまとめる役割を担った。私たちのワーキングの報告に加えて、さまざまな提言や調査報告をふまえつつ、「登録申請書」がまとめられ、閣議決定を経てＢＩＥに提出された。今後は、二〇二五年国際博覧会協会が主体となって、具体的な会場計画や運営計画がとりまとめられることになる。

万博には、いかなる効果が期待されるのか。ひとつには大阪が真の国際集客都市となる転機となるという点だ。会場跡地の利活用に関しては、今後の検討に委ねられることになるが、隣接地で構想されている統合型リゾート（ＩＲ）と合わせて、ここに日本を代表する観光目的地が出現することは間違いない。

もちろん産業振興に関する効果も期待できる。とりわけライフサイエンス関連産業は、関西で成長が期待されている領域である。万博は、関西がこの分野の先進地であることを示す好機となるはずだ。

さらにいえば、万博を若い才能が芽吹く機会として捉え、各分野でのインキュベーション（育成）をはかることも必要である。人類の叡智を集める国際博覧会は、ある意味で実践的な「教育」の機会でもある。次代を担う子供たちが未来の可能性に触れるとともに、若く優れたアーティストやクリエイターがチャンスを得て、世界に雄飛する機会にもなる。

私は一九七〇年大阪万博が、わが国にもたらした最大の財産は「人」であったと考える。「大阪・関西万博」も同様に、さまざまな才能が雄飛する契機としなければいけない。博覧会のレガシーは、アクセス道路などのハードの拡充や、会場の内外に建設される、さまざまなモニュメントの類だけではない。国際感覚を有したグローバル人材こそ、来るべき国際博覧会が日本に残す、優れたレガシーであることを強調しておきたい。

参考文献

『大阪百年』松村英男編、毎日新聞社編、毎日新聞社、一九六八年
『日本万国博覧会公式ガイド』日本万国博覧会著、日本万国博覧会協会、一九七〇年
『日本万国博覧会　ＥＸＰＯ'70』（上・下巻）徳永栄一編、国際情報社、一九七〇年
『日本万国博覧会公式記録写真集』日本万国博覧会記念協会、一九七一年
『日本万国博覧会と大阪市』大阪市、一九七一年
『近代大阪の五十年』大阪都市協会編、大阪都市協会、一九七六年
『阪急三番街物語――阪急梅田再開発10年の歩み』阪急電鉄編、阪急電鉄、一九七九年
『大阪城博覧会　大阪築城４００年まつり――特別展示中国秦・兵馬俑展』大阪21世紀協会、一九八四年
『大阪21世紀計画'84御堂筋パレード公式ガイドブック』大阪21世紀協会、一九八四年
『空港雑話』山本健二著、大阪都市協会、一九八四年
『大阪地下街30年史』大阪地下街編、大阪地下街、一九八六年
『変貌する大阪――その歴史と風土』前田昇、藤本篤監修、山内篤、森田良、西田光男編著、東京法令出版、一九八六年
『花の万博小事典』国際花と緑の博覧会協会編、国際花と緑の博覧会協会、一九八八年
『写真で見る大阪市１００年――大阪市制１００周年記念』大阪都市協会編、大阪都市協会、一九八九年
『２６４万市民の花の万博ハンドブック』大阪市編、大阪市、一九八九年
『まちに住まう――大阪都市住宅史』大阪都市協会大阪市都市住宅史編集委員会編、平凡社、一九八九年
『図説大阪府の歴史』津田秀夫編、河出書房新社、一九九〇年
『大阪のまちづくり――きのう・今日・あす』大阪市計画局編、大阪市計画局、一九九一年
『国際花と緑の博覧会と大阪市』大阪都市協会編、大阪市、一九九一年
『自然と人間の共生　国際花と緑の博覧会　大阪府公式記録』大阪府、一九九一年
『社史20年の歩み』エキスポランド20周年社史編纂委員会編、エキスポランド、一九九二年
『こちらＪＯＢＫ――ＮＨＫ大阪放送局七十年』ＮＨＫ

大阪放送局七十年史編集委員会編、日本放送協会大阪放送局、一九九五年
『もう、きみには頼まない——石坂泰三の世界』城山三郎著、毎日新聞社、一九九五年
『占領下の大阪』三輪泰史著、松籟社、一九九六年
『駅のはなし——明治から平成まで　改訂2版』交建設計・駅研グループ著、交通研究協会、一九九七年
『EXPO70伝説——日本万国博覧会アンオフィシャル・ガイドブック』オルタブックス編、角川書店、一九九九年
『大阪市の歴史』大阪市史編纂所編、創元社、一九九九年
『都市の近代・大阪の20世紀』芝村篤樹著、思文閣出版、一九九九年
『大阪の20世紀』産経新聞大阪本社社会部著、東方出版、二〇〇〇年
『昭和史が面白い』半藤一利編著、文藝春秋、二〇〇〇年
『なにわ大阪再発見　第三号』梅棹忠夫監修、なにわ文化研究会編、大阪21世紀協会文化部、二〇〇〇年
『通天閣——人と街の物語』読売新聞大阪本社社会部編、新風書房、二〇〇二年
『「万博」発明発見50の物語』久島伸昭著、講談社、二〇〇四年
『EXPO'70——驚愕！大阪万国博覧会のすべて』中和田ミナミほか著、ダイヤモンド社、二〇〇五年
『大阪「鶴橋」物語——ごった煮商店街の戦後史』藤田綾子著、現代書館、二〇〇五年
『伊丹&神戸空港——西日本最大の国内線空港を大解剖！』AIRLINE編、イカロス出版、二〇〇六年
『通天閣50年の歩み』通天閣観光編、通天閣観光、二〇〇七年
『大阪の教科書——大阪検定公式テキスト』橋爪紳也監修、創元社編集部編、創元社、二〇〇九年
『この人を見よ！　歴史をつくった人びと伝5　岡本太郎』プロジェクト新・偉人伝編著、ポプラ社、二〇〇九年
『EXPO'70パビリオン——大阪万博公式メモリアルガイド』橋爪伸也監修、平凡社、二〇一〇年
『日本万国博覧会　パビリオン制服図鑑』大橋博之編著、河出書房新社、二〇一〇年
『大阪——都市形成の歴史』横山好三著、文理閣、二〇一一年
『七十二時間、集中しなさい。——父・丹下健三から教わったこと』丹下憲孝著、講談社、二〇一一年
『なつかしき未来「大阪万博」——人類は進歩したのか

調和したのか』大阪大学21世紀懐徳堂編、創元社、二〇一二年
『大阪、賑わいの日々――二つの万国博覧会の解剖学』山路勝彦著、関西学院大学出版会、二〇一四年
『大阪万博――20世紀が夢見た21世紀』平野暁臣編著、小学館、二〇一四年
『関西のモダニズム建築――1920年代～60年代、空間にあらわれた合理・抽象・改革』石田潤一郎監修、淡交社、二〇一四年
『新幹線開発物語　改版』角本良平著、中央公論新社、二〇一四年
『南海電鉄のひみつ』PHP研究所編、PHP研究所、二〇一四年
『新幹線の歴史――政治と経営のダイナミズム』佐藤信之著、中央公論新社、二〇一五年
『昭和の歌藝人　三波春夫――戦争・抑留・貧困・五輪・万博』三波美夕紀著、さくら舎、二〇一六年
『丹下健三――戦後日本の構想者』豊川斎赫著、岩波書店、二〇一六年
『万博の歴史――大阪万博はなぜ最強たり得たのか』平野暁臣著、小学館、二〇一六年
『マンガ文化55のキーワード』竹内オサム、西原麻里編、ミネルヴァ書房、二〇一六年
『改訂　大阪大空襲――大阪が壊滅した日』小山仁示著、東方出版、二〇一八年

＊　＊　＊

橋爪紳也「2025年大阪・関西万博 始動！『いのち輝く未来社会のデザイン』実現への道程」エンターテイメントビジネス、二〇一九年六月号別冊、綜合ユニコム
橋爪紳也「2025年日本国際博覧会　いのち輝く未来社会のデザイン」日事連、二〇一九年六月号、日本建築士事務所協会連合会
橋爪紳也「2025年大阪・関西万博に向けて1～12」大阪日日新聞、二〇一九年六月一九日～九月四日、水曜連載
橋爪紳也、都市と電化研究会「万国博と電化」電気新聞、二〇一九年三月七日～一二月二七日

以上のほかに適宜別資料、webサイトも参照しています。

索引

赤本　66
安部公房　153
アメリカ館　102
歩く歩道　161
イサム・ノグチ　138
石坂泰三　132
泉の広場　60
磯崎新　143
伊丹空港　64
いのち輝く未来社会のデザイン　193
上田篤　97、142
宇宙開発競争　88
ウメダ地下センター　60
ウルトラソニックバス　165
ＥＸＰＯ'90　180
エキスポシティ　176
エキスポタクシー　166
エキスポタワー　146
ＥＸＰＯ'70パビリオン　141、155、159、186
エキスポランド　176
ＮＨＫ大阪放送局　52
黄金の顔　186
大阪・関西万博　189
大阪球場（大阪スタヂアム）　48
大阪くらしの今昔館（大阪市立住まいのミュージアム）　39
大阪国際空港　64
大阪市復興局　40
大阪城公園　74
大阪大空襲　28
大阪城公園前駅　178
大阪城築城４００年　178
大阪城博覧会　178
大高猛　133
岡本太郎　97、136、158
お祭り広場　97、142、168、170
音響彫刻　140、155
ガードマン　160
開会式　90
ガス・パビリオン　130
かなしみの塔　101
カプセルホテル　164
缶コーヒー　162
菊竹清訓　146
紀元二千六百年記念日本万国博覧会　85
黒川紀章　150、164
携帯電話　165
劇画工房　67
ケンタッキーフライドチキン　162
ゴールデンベルパビリオン　183
国際花と緑の博覧会　180
国連館　111
小松左京　180
咲くやこの花館　182
サンヨー館　165
ジェーン台風　46
自動車館　153
城北バス住宅　37
新大阪駅　79
進駐軍　32
シンボルゾーン　134
人類の進歩と調和　95
スイス館　109
住友ビル　32
政府苑　182

生命の樹 136
せんい館 128
船場センタービル 43、77
千里ニュータウン 71
象祭り 168
ソ連館 106
第一生命ビル 42
タイムカプセル 127
太陽の塔 97、134、159、184
タカラビューティリオン 151、164
丹下健三 96、134、142
地下街 58
地底の太陽 184
中央大通 43、77
通天閣 56
月の石 100、104
円谷英二 121
鶴見緑地 180
デク 91、142
勅使河原宏 153
手塚治虫 66、112
鉄鋼館 140、154、186
デメ 91、142
電気自動車 166
電気通信館 165
天王寺駅ビル 69
東海道新幹線 79
東京オリンピック 86
東芝ＩＨＩ館 150
南海ホークス 48
ナンバ地下センター開業 58
西長堀アパート 62
西山夘三 96、142
二〇二五年国際博覧会 188
日本館 98
人間洗濯機 165
バシェ兄弟 140、154
バス住宅 36
花の万博 180
花博 180
阪急三番街 60
万国博の女王選出大会 171
万国博ホール 170
阪神高速道路 76
光の木 110
ピクトグラム 161
飛行体験シミュレーター 124
日立グループ館 122
ファストフード 160
富士グループ・パビリオン 114
フジパン・ロボット館 112
復興大博覧会 44
噴水 138
閉会式 172
平和の広場 111
前川國男 153
松下館 125
マンダラ 116
ミス・インターナショナル世界大会 170
三菱未来館 118
御堂筋 32
御堂筋パレード 178
無垢の笑い 131
メタボリズム 147、152、157
闇市 31、34
夢洲 200
横尾忠則 128
四谷シモン 129

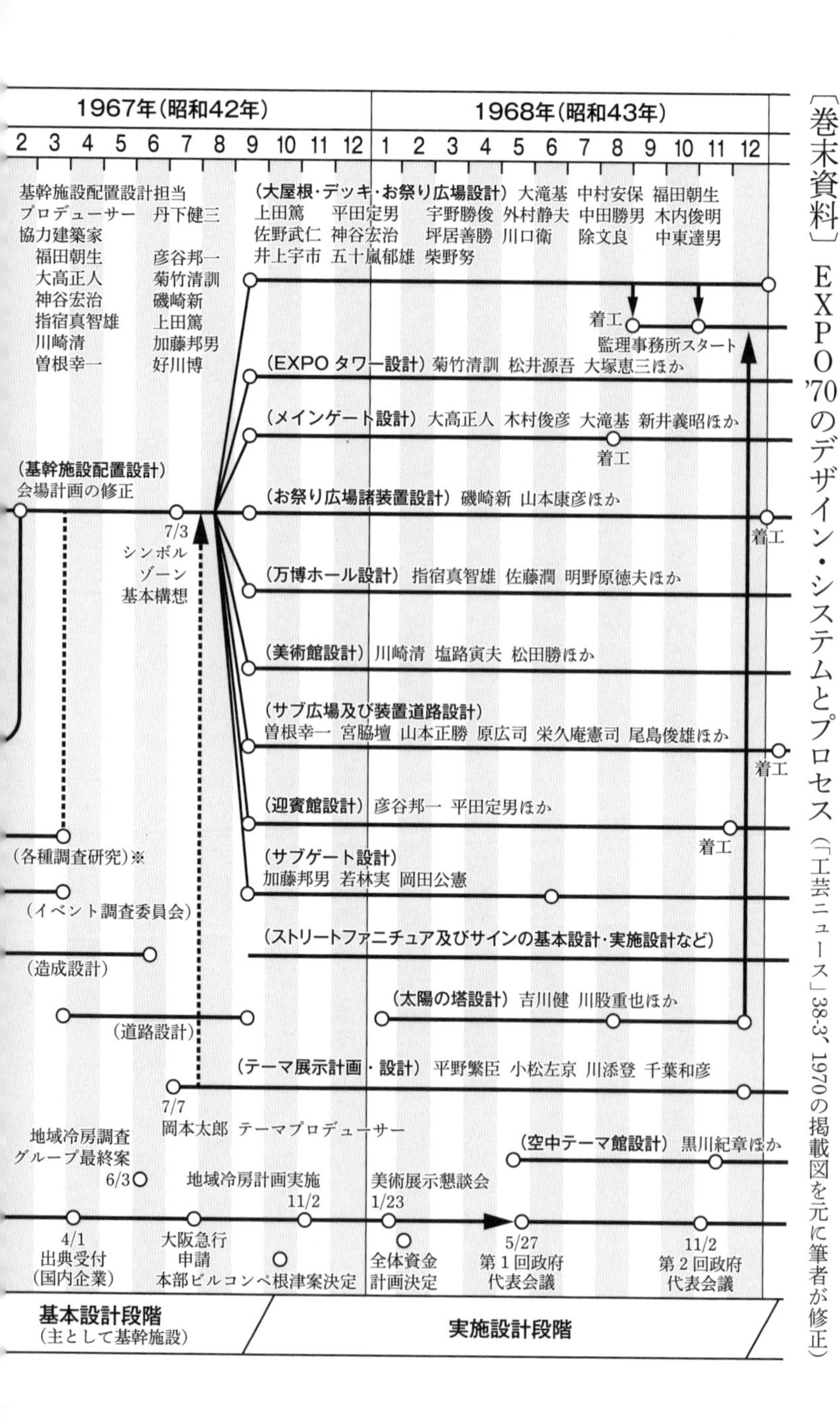

〔巻末資料〕EXPO'70のデザイン・システムとプロセス（「工芸ニュース」38-3、1970の掲載図を元に筆者が修正）

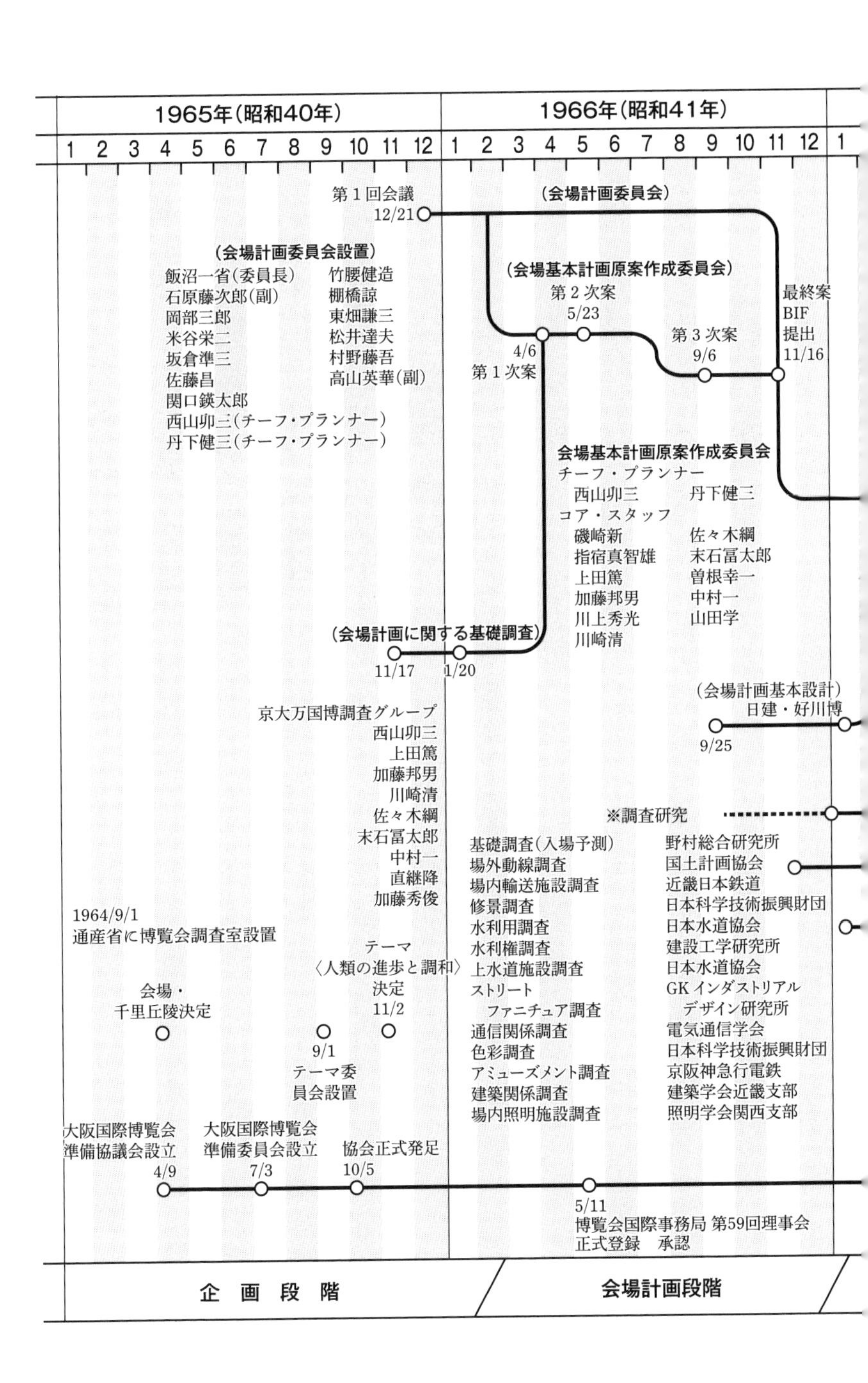

1965年（昭和40年）
1966年（昭和41年）
1 2 3 4 5 6 7 8 9 10 11 12 1 2 3 4 5 6 7 8 9 10 11 12 1
第１回会議
12/21
（会場計画委員会）
（会場計画委員会設置）
飯沼一省（委員長）
石原藤次郎（副）
岡部三郎
米谷栄二
坂倉準三
佐藤昌
関口鍈太郎
西山卯三（チーフ・プランナー）
丹下健三（チーフ・プランナー）
竹腰健造
棚橋諒
東畑謙三
松井達夫
村野藤吾
高山英華（副）
（会場基本計画原案作成委員会）
第２次案
5/23
4/6
第１次案
第３次案
9/6
最終案
BIF
提出
11/16
会場基本計画原案作成委員会
チーフ・プランナー
西山卯三
丹下健三
コア・スタッフ
磯崎新
指宿真智雄
上田篤
加藤邦男
川上秀光
川崎清
佐々木綱
末石冨太郎
曽根幸一
中村一
山田学
（会場計画に関する基礎調査）
11/17
1/20
（会場計画基本設計）
日建・好川博
9/25
京大万国博調査グループ
西山卯三
上田篤
加藤邦男
川崎清
佐々木綱
末石冨太郎
中村一
直継降
加藤秀俊
※調査研究
基礎調査（入場予測）
場外動線調査
場内輸送施設調査
修景調査
水利用調査
水利権調査
上水道施設調査
ストリート
ファニチュア調査
通信関係調査
色彩調査
アミューズメント調査
建築関係調査
場内照明施設調査
野村総合研究所
国土計画協会
近畿日本鉄道
日本科学技術振興財団
日本水道協会
建設工学研究所
日本水道協会
GK インダストリアル
デザイン研究所
電気通信学会
日本科学技術振興財団
京阪神急行電鉄
建築学会近畿支部
照明学会関西支部
1964/9/1
通産省に博覧会調査室設置
会場・
千里丘陵決定
テーマ
〈人類の進歩と調和〉
決定
11/2
9/1
テーマ委
員会設置
大阪国際博覧会
準備協議会設立
4/9
大阪国際博覧会
準備委員会設立
7/3
協会正式発足
10/5
5/11
博覧会国際事務局 第59回理事会
正式登録 承認
企画段階
会場計画段階

EXPO'70パビリオン一覧

登録番号	パビリオン名称	参加者	テーマ
001	日本館	日本政府	日本と日本人
002	カナダ館	カナダ	発見
003	大韓民国館	大韓民国	より深い理解と友情
004	アメリカ館	アメリカ合衆国	アメリカのイメージ
005	中華民国館	中華民国	中国—伝統と進歩
006	オランダ館	オランダ王国	開放を通じての進歩
007	ザンビア館	ザンビア共和国	ヒューマニズムと発展
008	ソ連館	ソビエト社会主義共和国連邦	人類の進歩と調和
009	ベルギー館	ベルギー王国	あなた方と私たち
010	ドイツ館	ドイツ連邦共和国	音楽の花園
011	スイス館	スイス連邦	調和の中の多様性
012	ニュージーランド館	ニュージーランド	ニュージーランドとニュージーランド人
013	オーストラリア館	オーストラリア連邦	人類の進歩と調和に対するオーストラリアの貢献
014	フランス館	フランス共和国	生命の樹—よりよい生活の設計
015	ブルガリア館	ブルガリア人民共和国	母なるバルカンの山々
016	クウェート館	クウェート国	進歩と調和と伝統

番号	館名	国名	テーマ
017	英国館	グレート・ブリテンおよび北部アイルランド連合王国	明るい未来へのびのびと進歩
018	キューバ館	キューバ共和国	新しい人間像をめざして
019	RCD館	トルコ共和国、パキスタン回教共和国、イラン帝国	(なし)
020	ポルトガル館	ポルトガル共和国	人類の進歩と調和
021	タイ館	タイ王国	平和的協力と調和のなかのタイの進歩
022	フィリピン館	フィリピン共和国	多様な文化の調和を通じての進歩
023	アルジェリア館	アルジェリア民主人民共和国	アルジェリア:人類の進歩を国の発展にかける
024	メキシコ館	メキシコ合衆国	芸術を通じてよりよき相互理解のために
025	スカンジナビア館	デンマーク王国、フィンランド共和国、アイスランド共和国、ノルエウェー王国、スウェーデン王国	産業化社会における環境の保護
026	エチオピア館	エチオピア帝国	大陸間を結ぶ友情
027	ラオス館	ラオス王国	家族、宗教生活、文化および経済発展
028	ビルマ館	ビルマ連邦	文化遺産と近代化への歩み
029	ギリシア館	ギリシア王国	3000年の人間文明
030	ドミニカ館	ドミニカ共和国	コロンブスが発見した島
031	サウジアラビア館	サウジアラビア王国	イスラム―調和の中の進歩
032	チェコスロバキア館	チェコスロバキア社会主義共和国	人類が求めるよりよき未来の道
033	セイロン館	セイロン	伝統と進歩
034	象牙海岸館	象牙海岸共和国	伝統と進歩

035	タンザニア館	タンザニア連合共和国	自由と発展
036	インドネシア館	インドネシア共和国	多様性の中の統一
037	ガーナ館	ガーナ共和国	自然を通じてより豊かな生活を
038	キプロス館	キプロス共和国	人類の進歩と調和
039	マダガスカル館	マダガスカル共和国	繁栄する未来を望んで　ともにもろ手を組みつつ
040	ウガンダ館	ウガンダ	豊かな文化遺産と発展への道
041	シンガポール館	シンガポール共和国	庭園都市―シンガポール
042	ガボン館	ガボン共和国	対話と進歩
043	インド館	インド	人類の進歩と調和へのインドの貢献
044	チリ館	チリ共和国	太平洋の水平線を広げる
045	キリスト教館	バチカン市国、日本万国博キリスト教館委員会	目と手―人間の発見
046	ベトナム共和国館	ベトナム共和国	自由世界の諸国との調和を保つベトナム共和国の過去と現在と未来の発展
047	コロンビア館	コロンビア共和国	健全と調和
048	ネパール館	ネパール王国	調和の中の平和的な進歩
049	エクアドル館	エクアドル共和国	赤道の国
050	ペルー館	ペルー共和国	国民の進歩と発展のための平和革命
051	イタリア館	イタリア共和国	開発世界における進歩と伝統
052	中央アフリカ館	中央アフリカ共和国	経済―観光―民芸
053	アルゼンチン館	アルゼンチン共和国	平和と自由と幸福
054	ブラジル館	ブラジル連邦共和国	ブラジルの今日と明日を示すもの
055	ナイジェリア館	ナイジェリア連邦共和国	未来を見つめるナイジェリア

番号	館名	出展者	テーマ
056	アブダビ館	アブダビ国	アブダビ—過去、現在、そして未来
057	マレーシア館	マレーシア	マレーシア—国民、その躍進と潜在力
058	アフガニスタン館	アフガニスタン王国	進歩と平和と友情
059	エルサルバドル館	エルサルバドル共和国	火山の国—日本の友だち
060	カンボジア館	カンボジア王国	カンボジアの観光と産業開発
061	マルタ館	マルタ	歴史と進歩と調和の島
062	ベネズエラ館	ベネズエラ共和国	未来を見つめるベネズエラ
063	アラブ連合館	アラブ連合共和国	人類の進歩と調和
064	モナコ館	モナコ公国	伝統と進歩
065	ニカラグァ館	ニカラグァ共和国	発展するニカラグァ
066	パナマ館	パナマ共和国	人類に貢献するパナマ
067	コスタリカ館	コスタリカ共和国	米州の楽園
068	ウルグァイ館	ウルグァイ東方共和国	国境のない世界—地上から貧困を追放するための人類の努力
069	モーリシャス館	モーリシャス	調和と挑戦
070	シエラレオネ館	シエラレオネ	統一、自由、正義
071	アイルランド館	アイルランド	伝統に生きる島国、近代的国家
072	国連館	国際連合、アジア開発銀行	協力による開発
073	OECD館	経済協力開発機構（OECD）	国際経済協力を通じて人類の進歩と調和
074	EC館	欧州共同体	平和への想像
075	香港館	英国香港政庁	共に楽しみ、共に築こう
076	ケベック州館	ケベック州（カナダ）	すべてにすばらしいケベック

番号	館名	出展者	テーマ
077	ブリティッシュ・コロンビア州館	ブリティッシュ・コロンビア州（カナダ）	美（うる）わしいブリティッシュ・コロンビアの人と生活
078	オンタリオ州館	オンタリオ州（カナダ）	オンタリオ人のお祭りの姿
079	ワシントン州館	ワシントン州（アメリカ合衆国）	自然と人間の調和
080	ハワイ州館	ハワイ州（アメリカ合衆国）	ハワイ―それは太平洋諸国の理想的な会合地
081	アラスカ州館	アラスカ州（アメリカ合衆国）	アラスカ―自然との調和
082	サンフランシスコ市館	サンフランシスコ市（アメリカ合衆国）	太平洋を越えた調和
083	ロスアンゼルス市館	ロスアンゼルス市（アメリカ合衆国）	世界の中心―ロスアンゼルス市
084	ミュンヘン市館	ミュンヘン市（ドイツ連邦共和国）	ババリアの生活のよろこび
085	アメリカン・パーク	アン・パーク・コーポレーション	アメリカの映像
086	コダック館	イーストマン・コダック・エキスポジション・カンパニー、長瀬産業	万国共通のことばとしての写真
087	地方自治体館	日本万国博覧会地方公共団体出展準備委員会	躍進する地方自治
088	虹の塔	日本専売公社	心の調和
089	電気通信館	日本電信電話公社、国際電信電話	人間とコミュニケーション
090	ガス・パビリオン	社団法人日本瓦斯協会	笑いの世界
091	ワコール・リッカーミシン館	ワコール、リッカーミシン	愛
092	電力館	電気事業連合会	人類とエネルギー
093	住友童話館	住友館委員会	美と愛と希望の泉
094	タカラ・ビューティリオン	タカラグループ	美しく生きる喜び

095	鉄鋼館	日本鉄鋼連盟	鉄の歌
096	富士グループ・パビリオン	富士グループ万国博出展委員会	21世紀へのメッセージ
097	せんい館	日本繊維館協力会	繊維は人間生活を豊かにする
098	サントリー館	サントリー	生命（いのち）の水
099	クボタ館	久保田鉄工	豊かなみのり
100	三井グループ館	三井グループ万国博出展者会	創造の楽園
101	東芝IHI館	東芝IHIグループ	希望―光と人間たち
102	ペプシ館	ペプシコーラ万国博出展グループ	垣根なき世界
103	日本民芸館	万博日本民芸館出展協議会	暮らしの美
104	古河パビリオン	万国博古河館推進委員会	古代の夢と現代の夢
105	日立グループ館	日立グループ	追求（未知への招待）
106	みどり館	みどり会	多次元の世界
107	アイ・ビー・エム館	日本アイ・ビー・エム	問題を解く人間像
108	三菱未来館	三菱万国博綜合委員会	日本の自然と日本人の夢
109	リコー館	リコー・三愛グループ	理光―よりよき人類の眼
110	自動車館	社団法人日本自動車工業会	リズムの世界
111	サンヨー館	三洋電機グループ	日本のこころ
112	フジパン・ロボット館	フジパン	子供の夢
113	モルモン・パビリオン	宗教法人末日聖徒イエス・キリスト教会	幸福の探究
114	生活産業館	財団法人万国博共同出展協会	朝な夕な
115	松下館	松下グループ	伝統と開発
116	化学工業館	日本化学工業協会	化学と人生

編集協力　クリエイティブ・スイート
図版作成　河本佳樹
装　　丁　濱崎実幸

本書は二〇一八年五月に洋泉社より刊行された『１９７０年大阪万博の時代を歩く』を改題のうえ、加筆・修正したものです。終章と巻末資料、巻頭カラー口絵は本書オリジナルとして新たに増補しました。

写真・図版は、その下の〔　〕内に提供者・撮影者・著作権者等を記載しました。

著作権者等が不明の写真・図版は、複写元の文献名を参考文献の欄に記し引用しましたが、万一記載漏れがありましたら編集部までご連絡ください。

本書に記載の内容・データは二〇一九年一二月現在のものです。

〔著者略歴〕

橋爪紳也（はしづめ・しんや）

大阪府立大学研究推進機構特別教授、大阪府立大学観光産業戦略研究所所長。一九六〇年、大阪市生まれ。京都大学工学部建築学科卒業、大阪大学大学院工学研究科博士後期課程修了。建築史・都市文化論専攻。工学博士。著書『EXPO'70パビリオン』（平凡社）、『新・大阪モダン建築』『大大阪モダン建築』（青幻舎）、『大大阪モダニズム遊覧』『大京都モダニズム観光』（芸術新聞社）、『大阪の教科書』『大阪新名所 新世界・通天閣写真帖 復刻版』『絵はがきで読む大大阪』（創元社）ほか多数。エネルギーフォーラム賞優秀賞、大阪活力グランプリ特別賞、日本観光研究学会賞、日本都市計画学会石川賞、日本建築学会賞など受賞。

大阪万博の戦後史（おおさかばんぱくのせんごし）
——EXPO'70から2025年万博へ（ねんばんぱくへ）

二〇二〇年二月二〇日 第一版第一刷発行

著者 橋爪紳也
発行者 矢部敬一
発行所 株式会社 創元社
〈本社〉〒五四一-〇〇四七 大阪市中央区淡路町四-三-六
〈東京支店〉〒一〇一-〇〇五一 東京都千代田区神田神保町一-二 田辺ビル
〈ホームページ〉https://www.sogensha.co.jp/

組版 はあどわあく 印刷 図書印刷

ISBN978-4-422-25089-2 C0021

なつかしき未来「大阪万博」―人類は進歩したのか調和したのか―

大阪大学21世紀懐徳堂編　万博当事者が初めて明かす裏話をはじめ、各界の専門家・愛好家が熱い思いを語る。貴重写真多数。インタビュー映像DVD、折込み地図・年表の付録つき。２３００円

飛田百番 ―遊廓の残照―

橋爪紳也監修、上諸尚美写真、吉里忠史・加藤政洋著　飛田遊廓を代表する建物「百番」は様々な「遊びのデザイン」に充ちている。この建築の魅力を多数のカラー写真を中心に伝える。３６００円

大阪新名所 新世界・通天閣写真帖 復刻版

橋爪紳也監修　大正二年に発行された豪華な写真帖『大阪新名所新世界』を、一世紀の時を経て高画質・オールカラーで現代に再現。初代通天閣完成、新世界開業当時の街の様子が蘇る。９５００円

絵はがきで読む大大阪

橋爪紳也著　「大大阪」と呼ばれる大正から昭和初期に発行された七十数枚の絵はがきを取り上げ、「水都の大阪」「文化の大阪」「生産の大阪」「歓楽の大阪」など都市の軌跡を読む。１６００円

大阪のスラムと盛り場 ―近代都市と場所の系譜学

加藤政洋著　釜ケ崎、黒門市場、千日前など「ミナミ」と呼ばれる場の足跡をたどる。明治中期～大正、特に織田作之助らが遊歩した昭和初期に注目し、消費される都市空間を描く。２８００円

橋爪節也の大阪百景

橋爪節也著　大阪的文化の地層を掘り起こす圧巻の１００コラム。言葉、人物、絵画、文学その他貴重資料から、この街に埋もれた本物の都市文化とその魅力を洒脱につづる。図版多。１８００円

大阪夜景 増補改訂版

堀寿伸著　大阪の夜景鑑賞ポイントを美しいデジタル写真とともに紹介する大阪夜景ガイドブックの増補改訂版。旧情報を刷新し、新たに二八か所を追加して、ますます内容充実。１５００円

光のまちをつくる ―水都大阪の実践―

橋爪紳也＋光のまちづくり推進委員会編著　水と光のまちづくりをめざし、ライトアップやイベントで大きな成果を上げた秘訣を詳述。光百景をカラー掲載し、基礎データも公開。２８００円

ヴォーリズ建築の１００年 ―恵みの居場所をつくる

山形政昭監修　デザインよりも住みやすさを重視したヴォーリズの建築。約三八〇点の写真と建物データを収載し、魅力を余すところなく紹介。藤森照信、海野弘、内田青藏等執筆。３６００円

世界遺産百舌鳥・古市古墳群をあるく

久世仁士著、創元社編集部編　巨大古墳集積地として知られる百舌鳥・古市古墳群。世界遺産に登録された全四九基の古墳を、最新の調査結果も交え写真・図版・地図とともに案内。１２００円

＊価格には消費税は含まれていません。